If Lost, Please Return To:

Name:_____

Phone:_____

Email:_____

Color Test Page

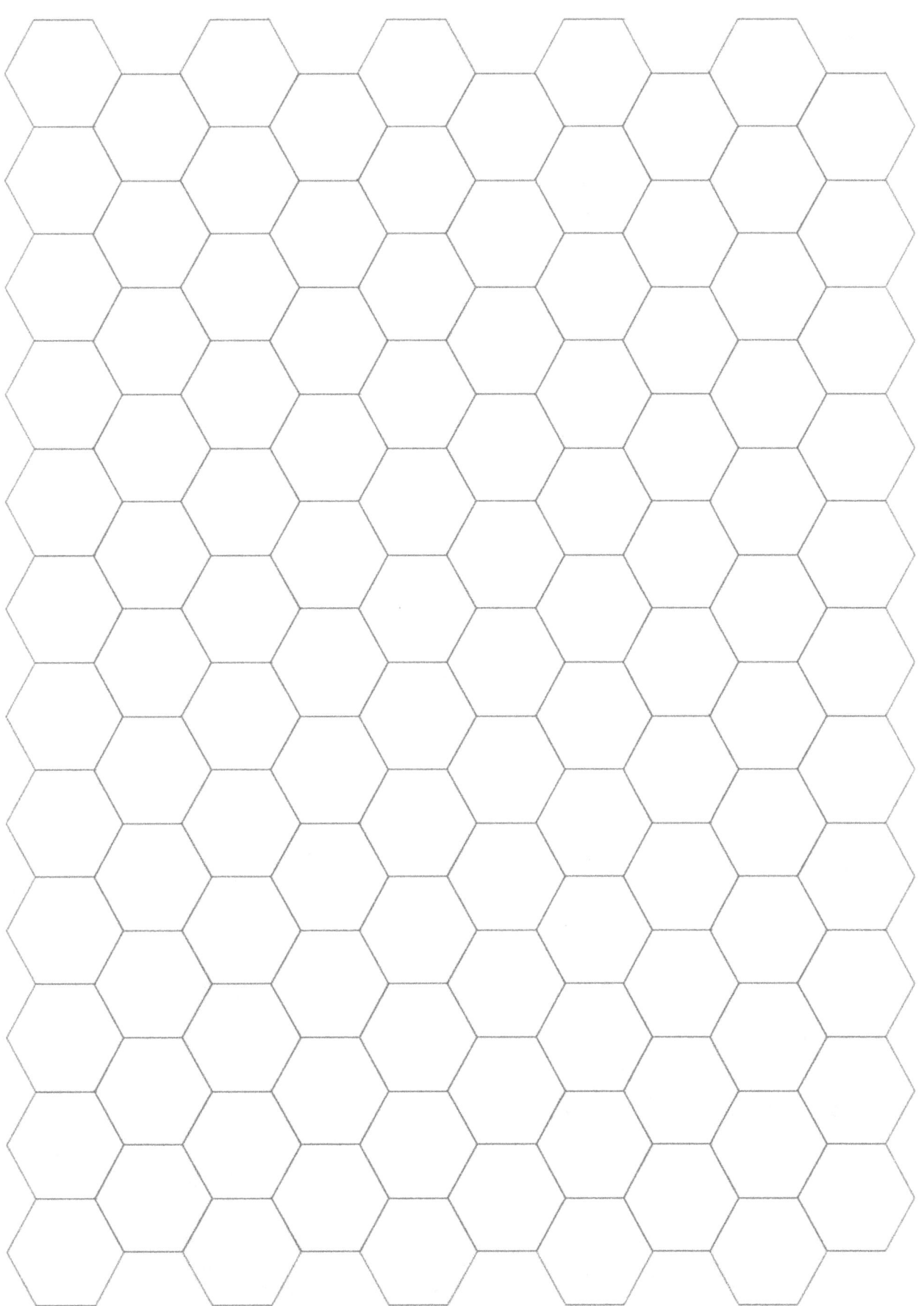

Color Test Page

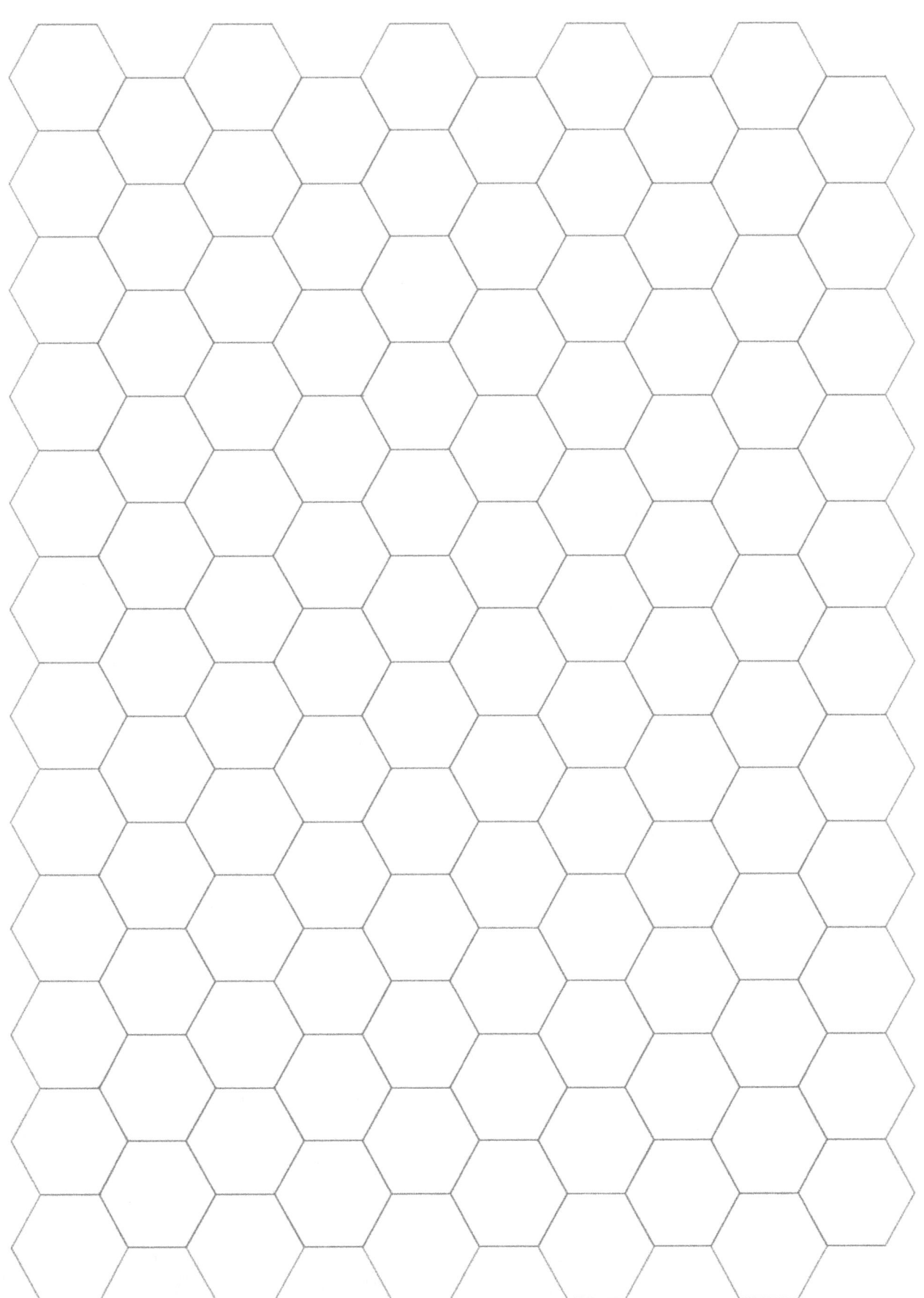

Color Test Page

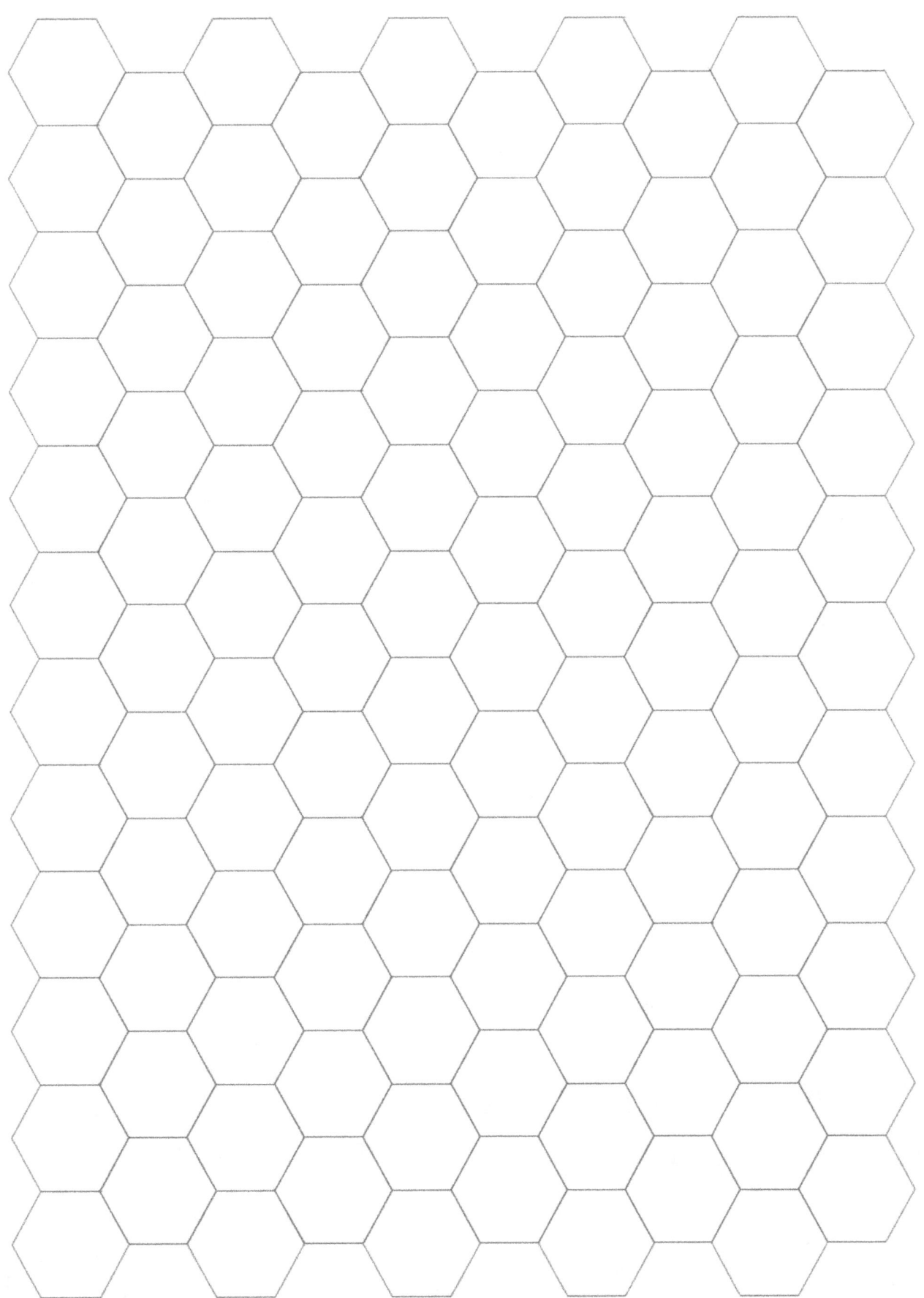

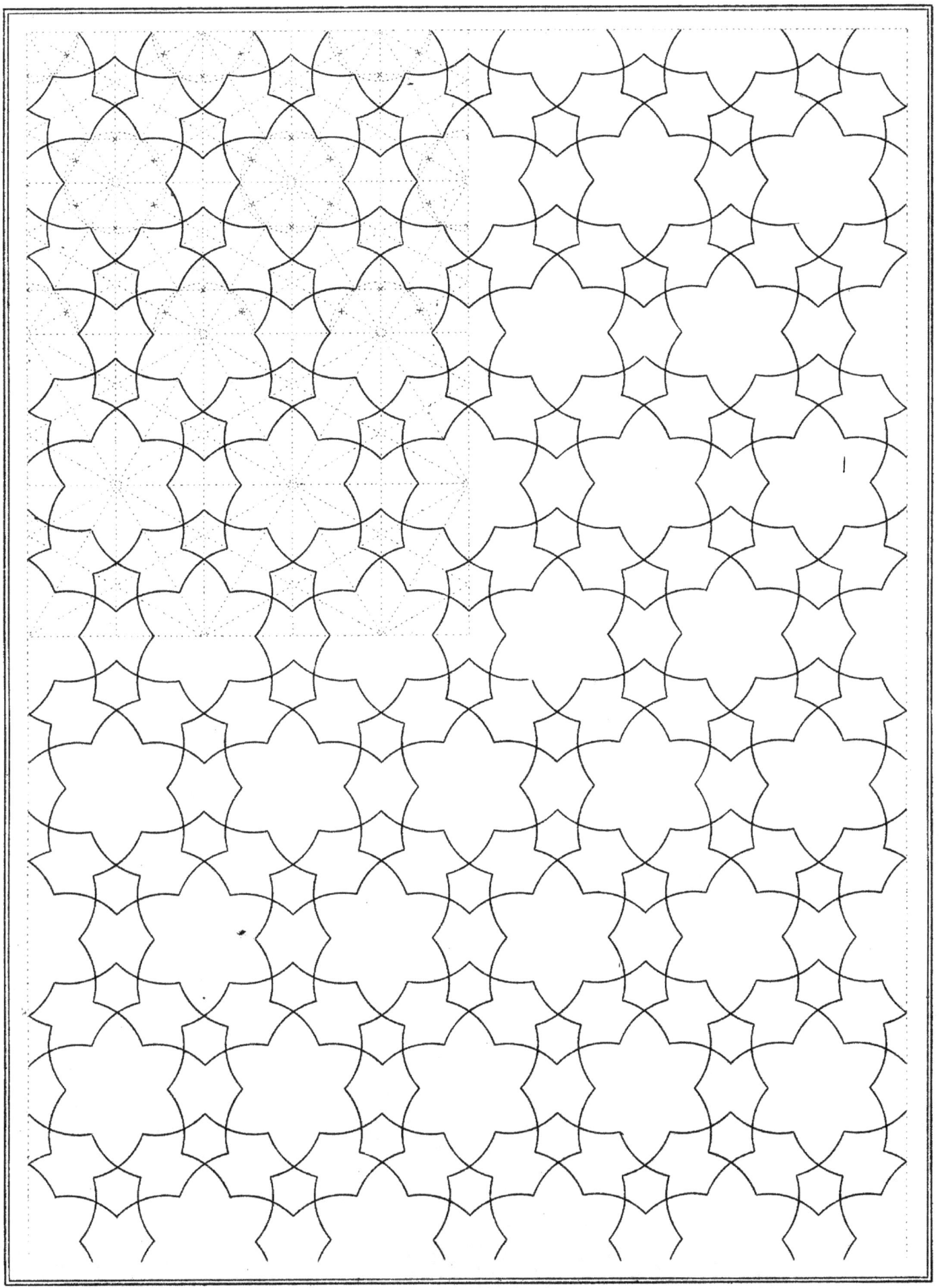

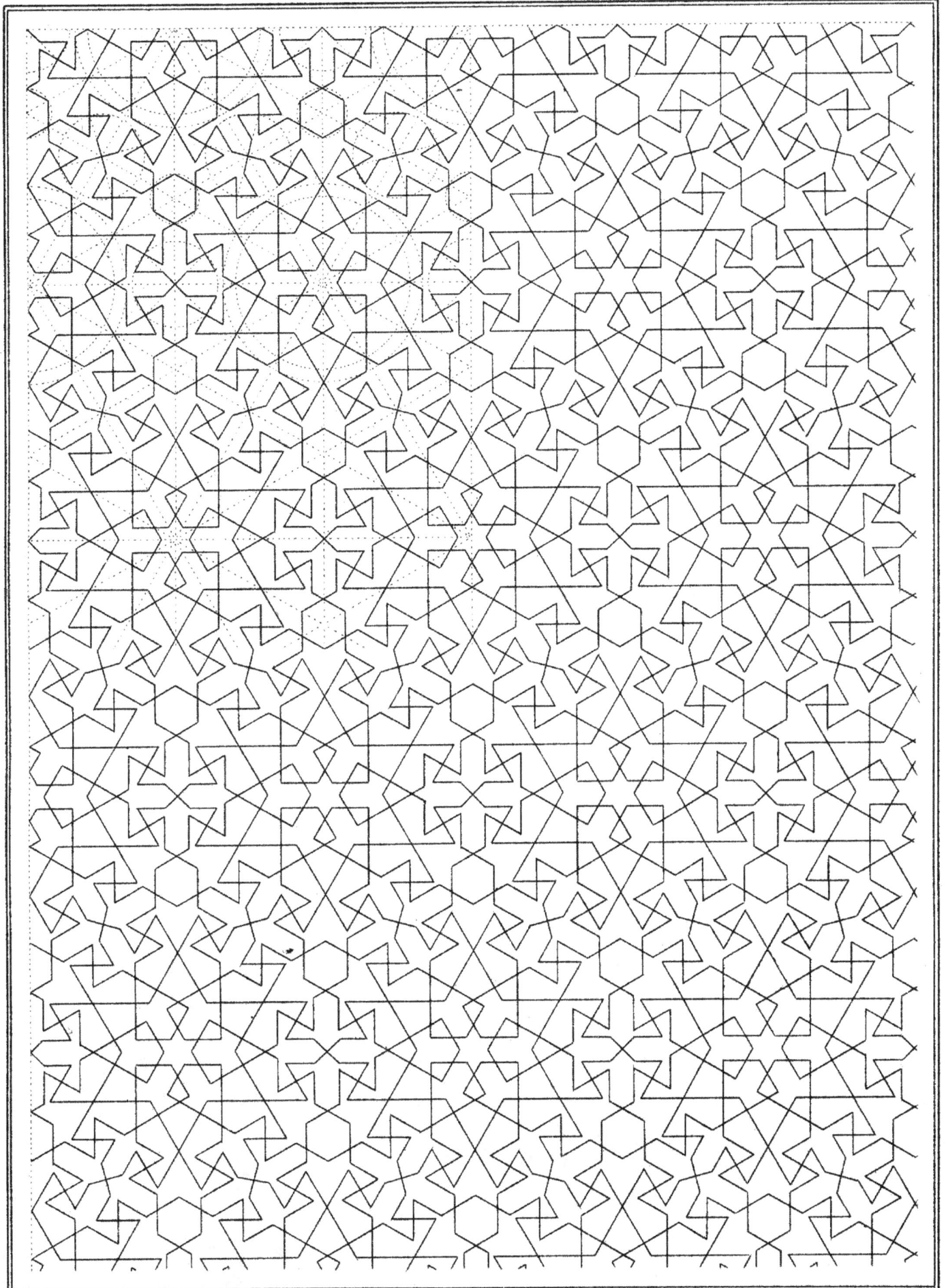

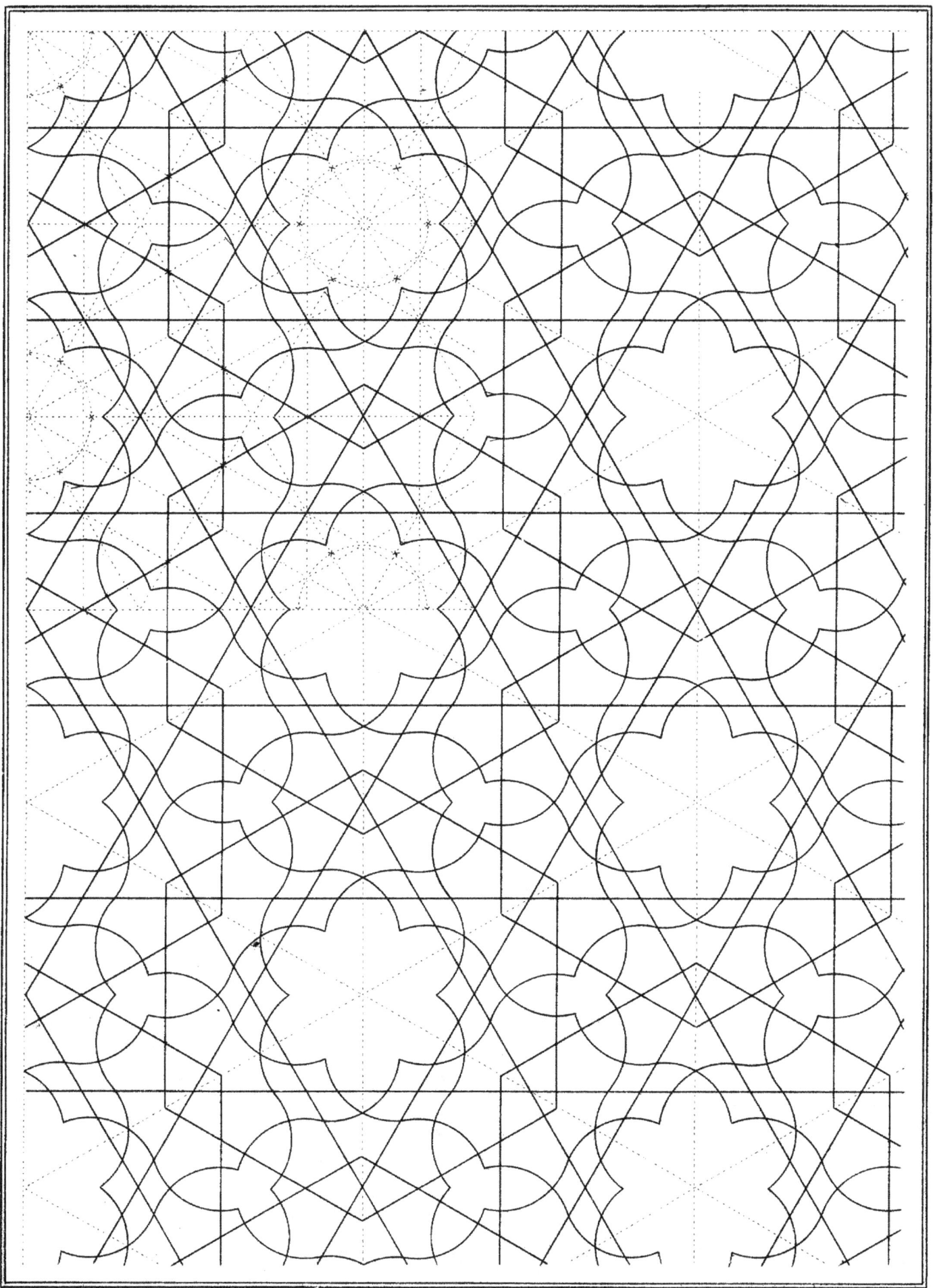

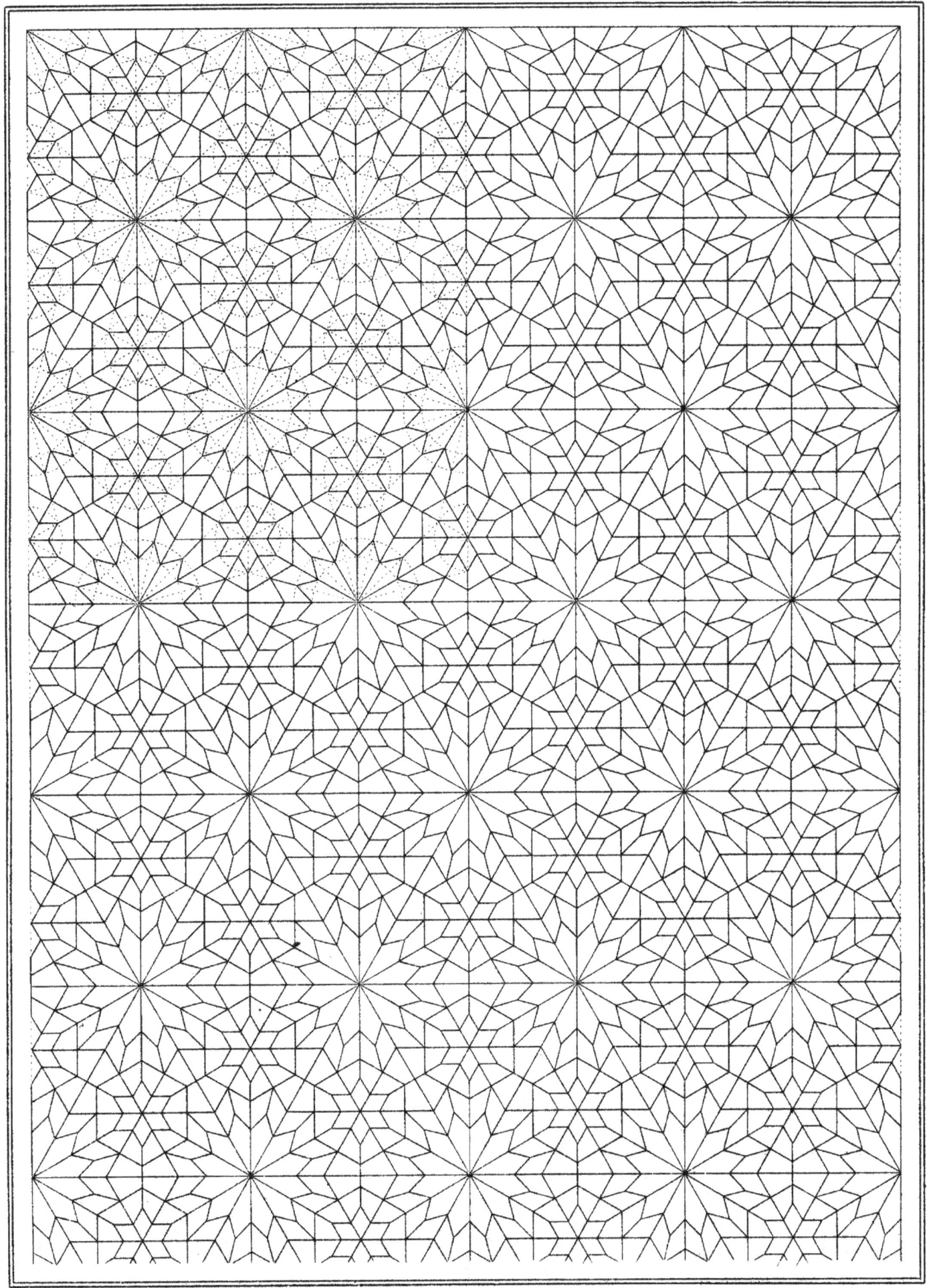

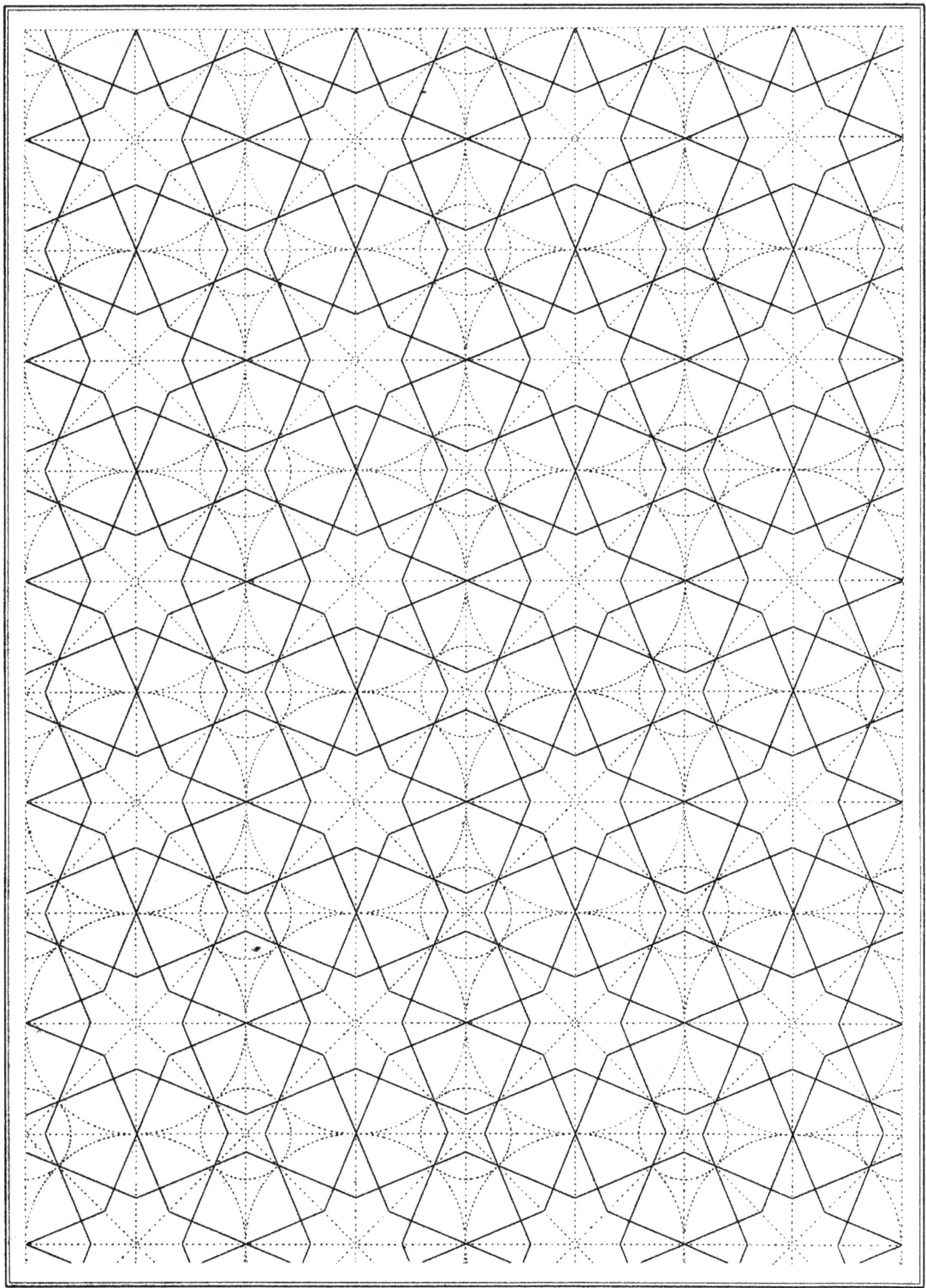

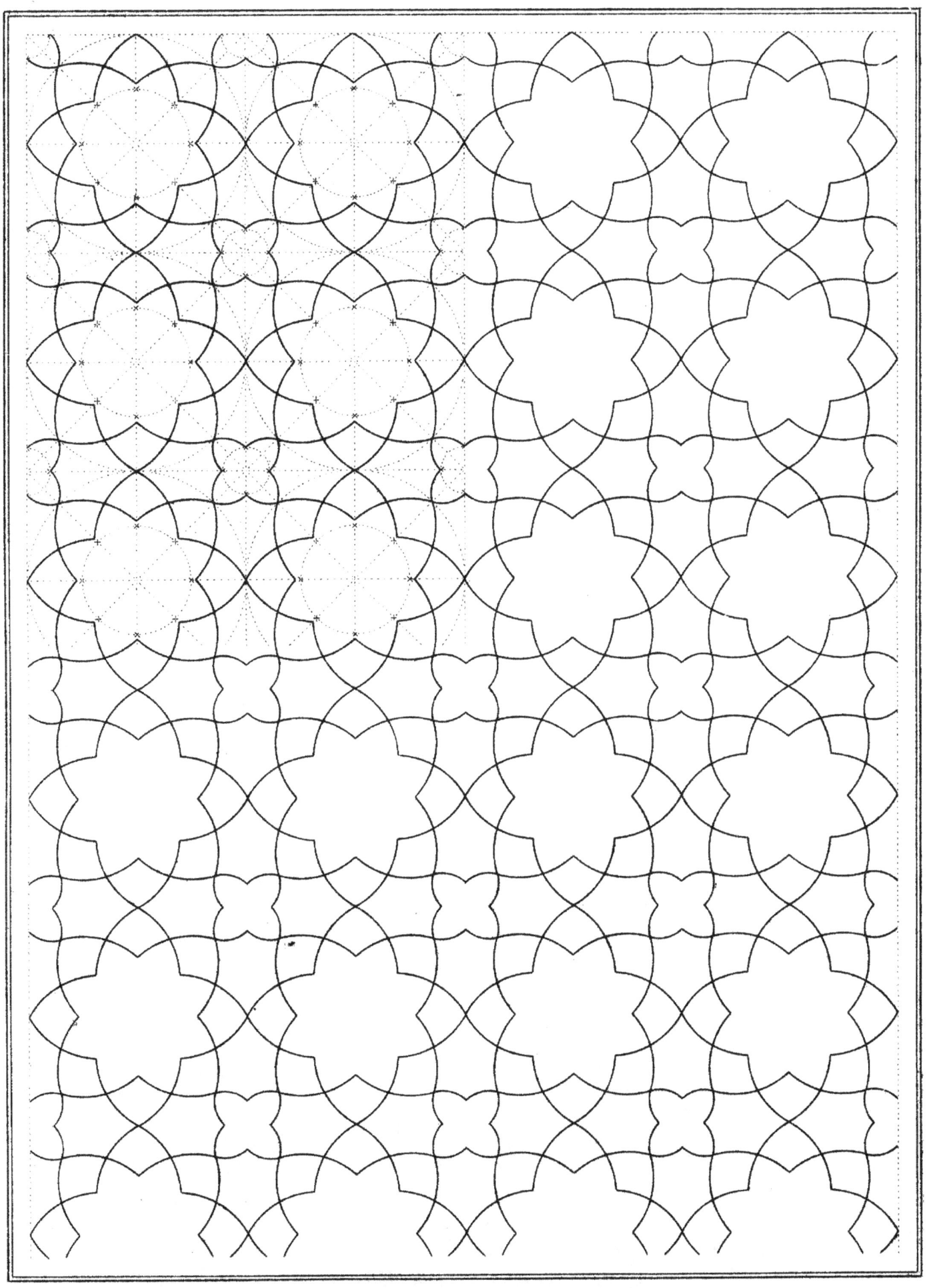

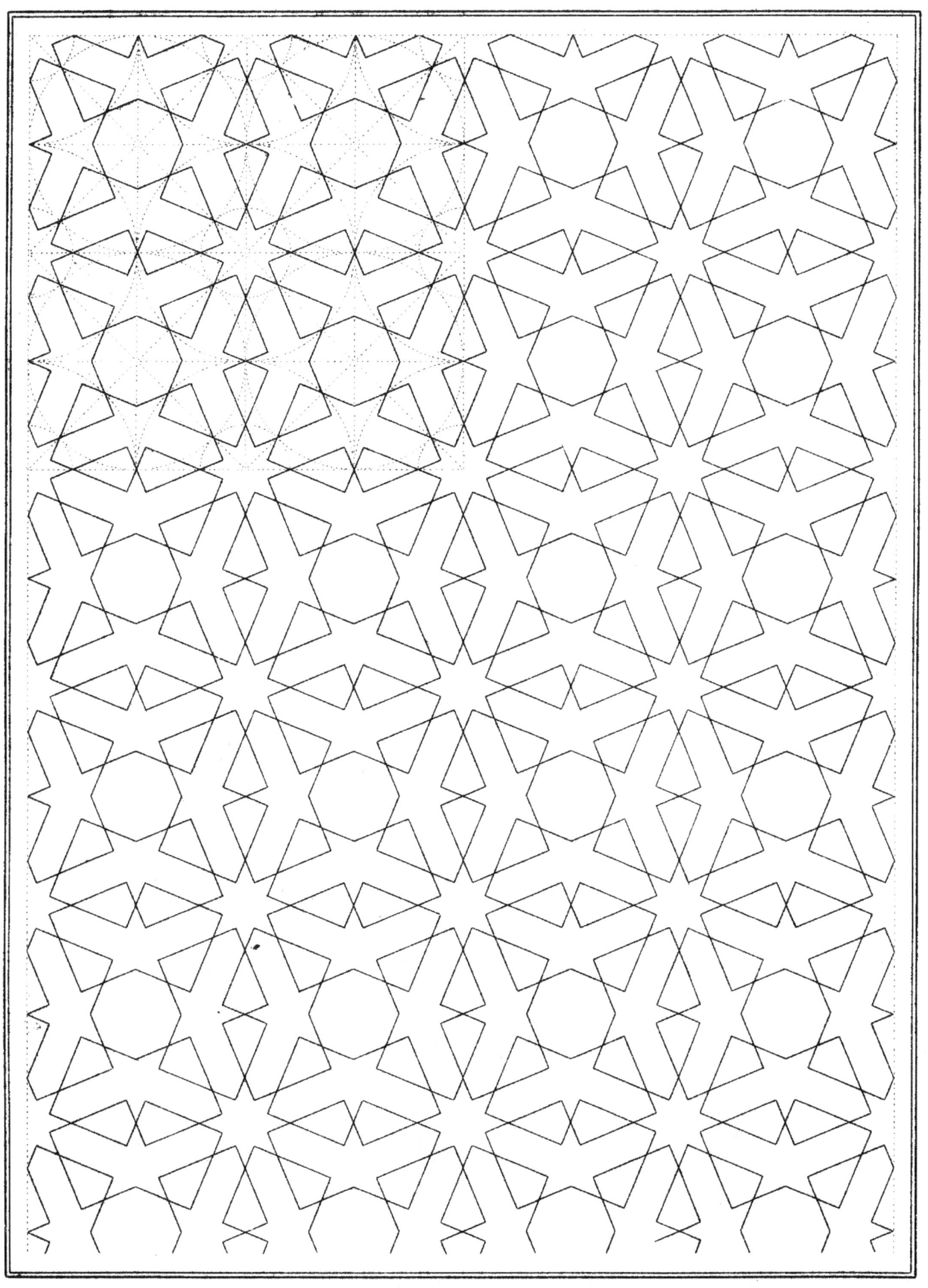

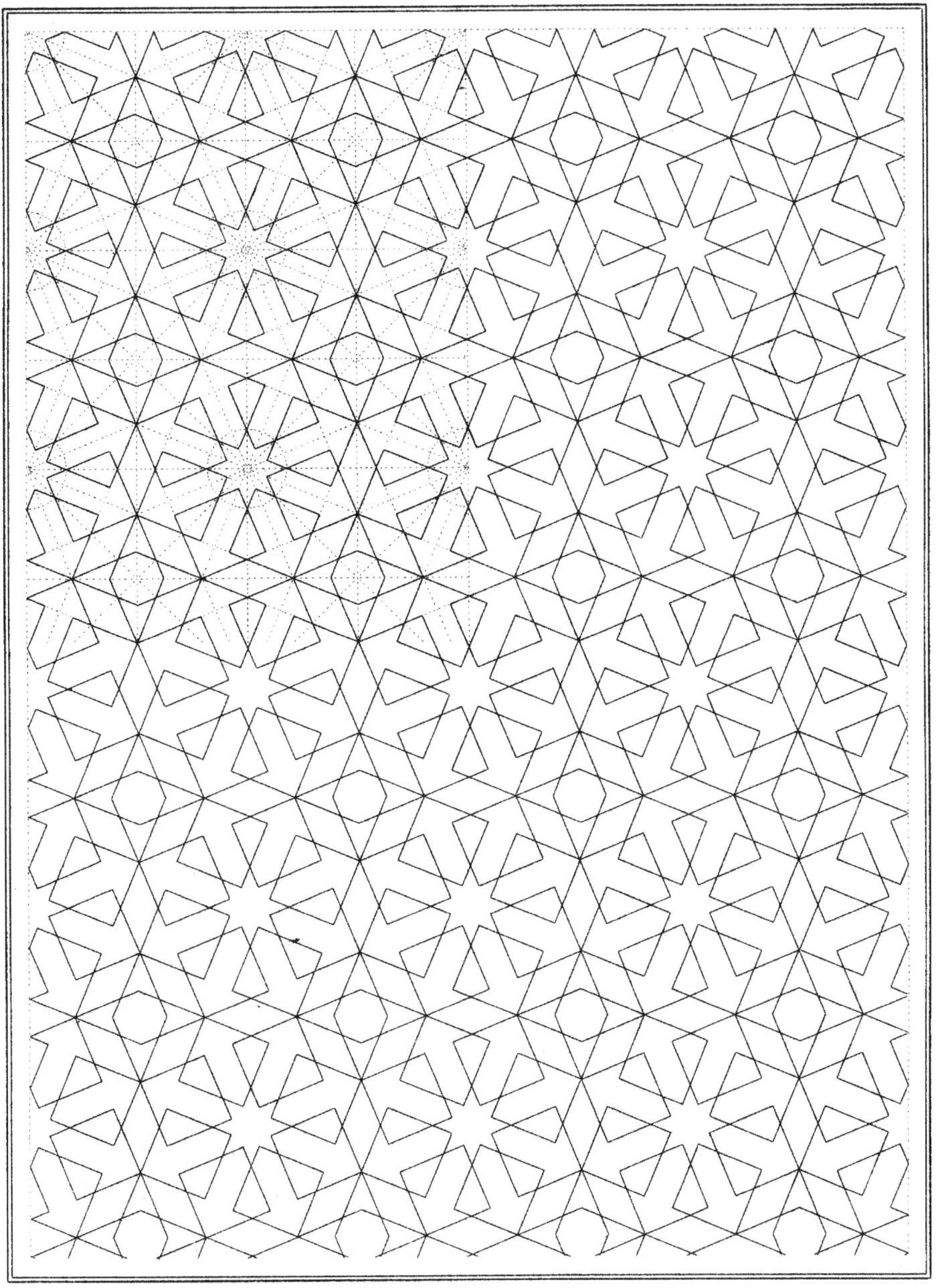

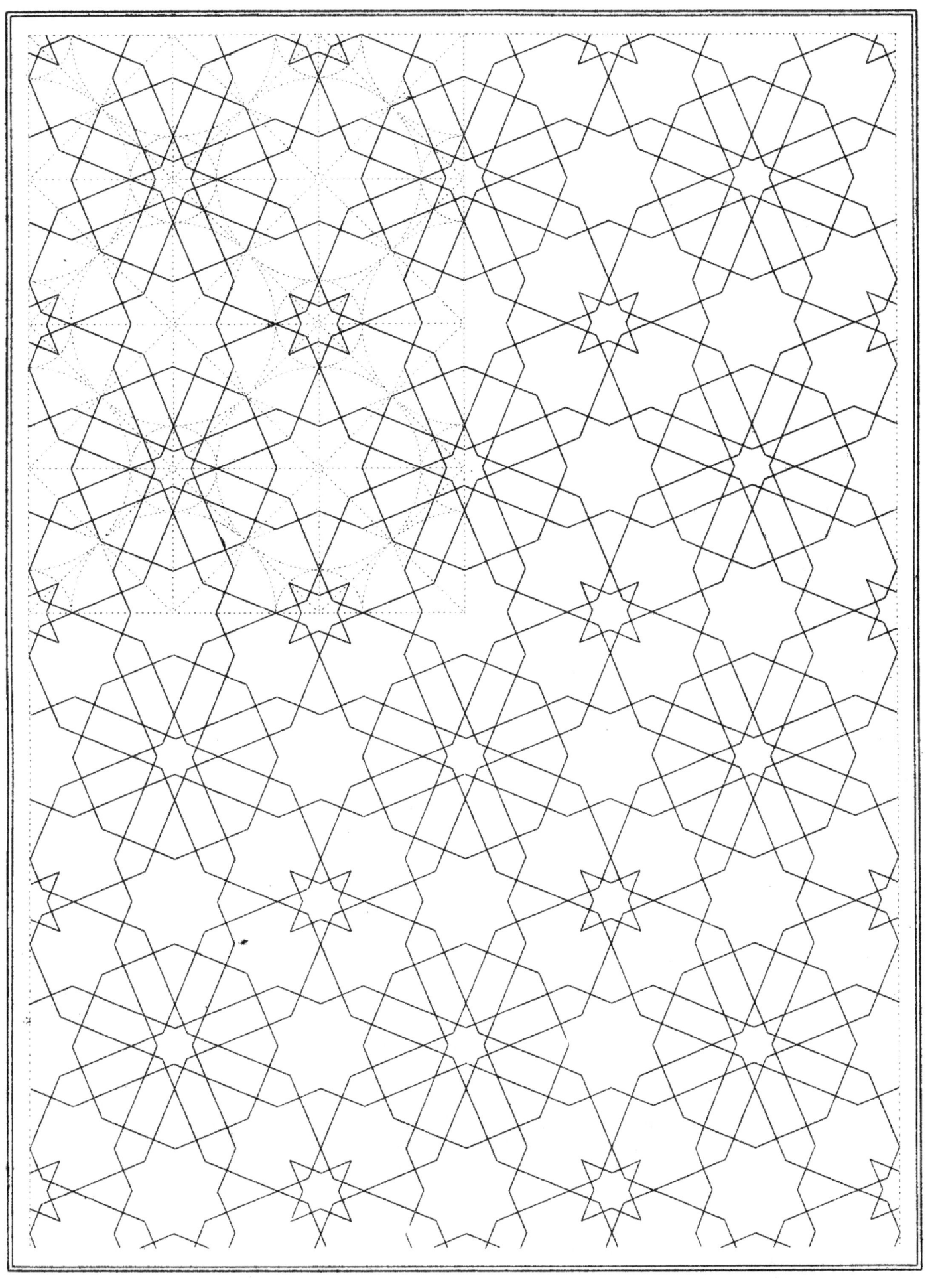

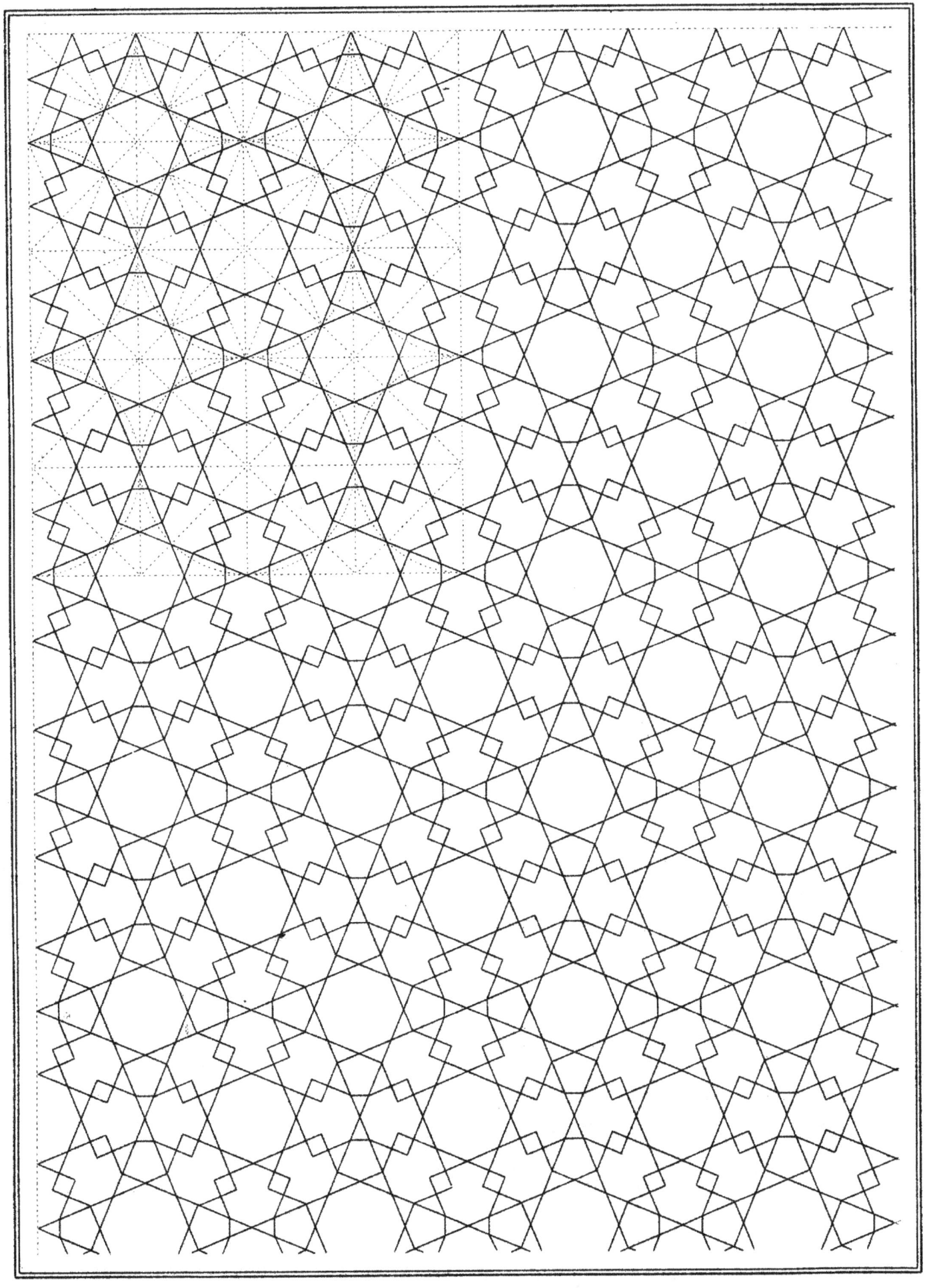

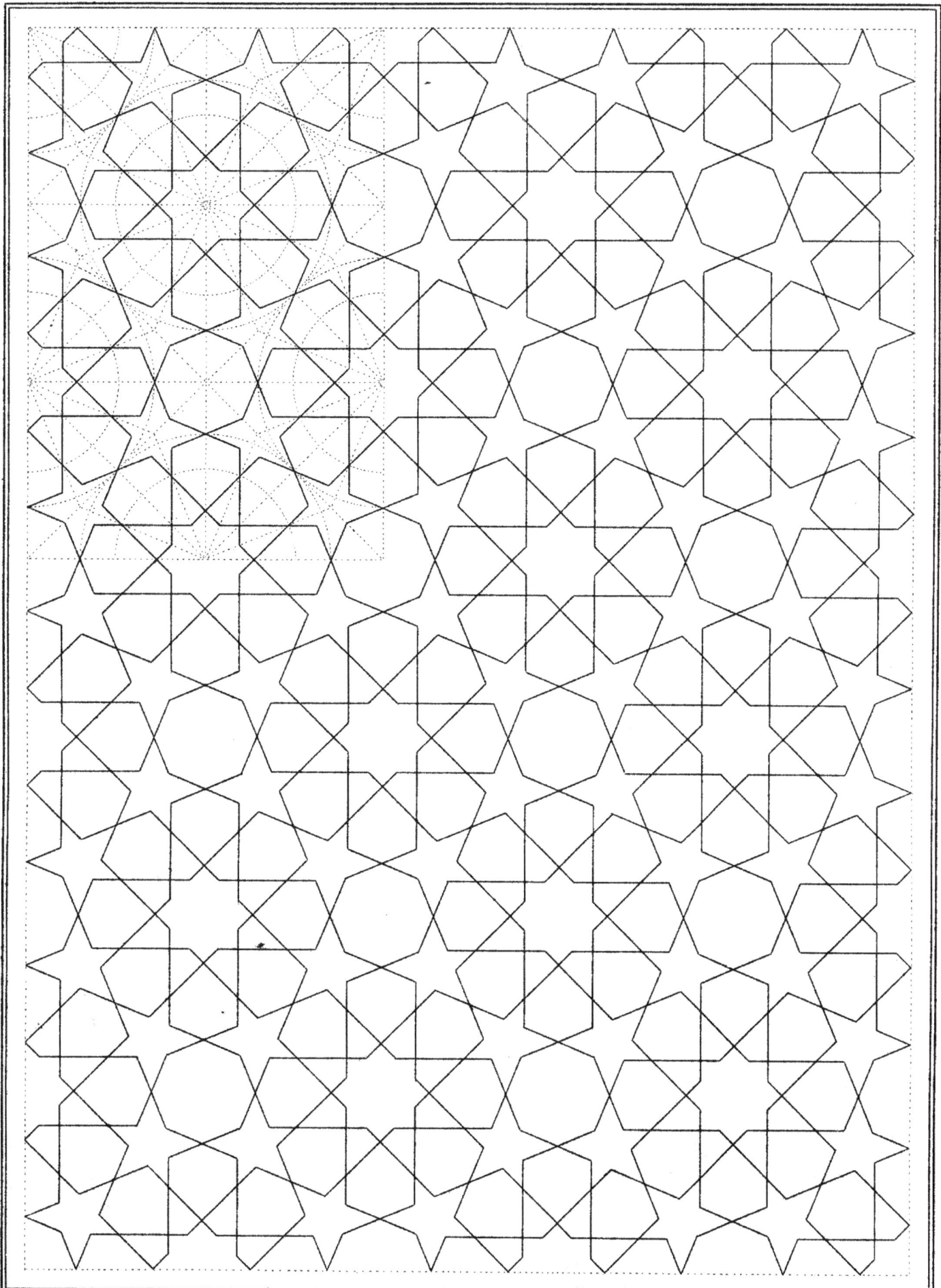

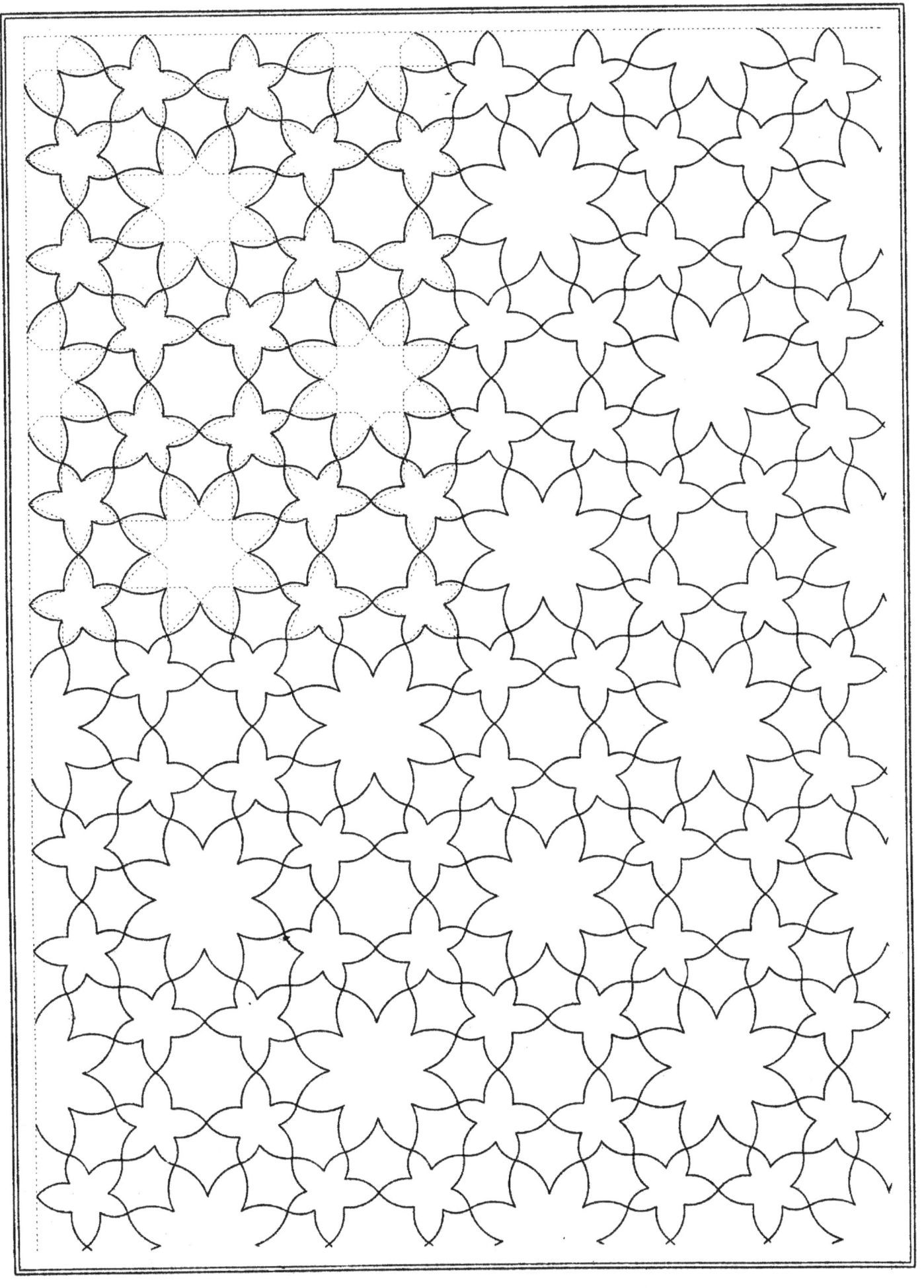

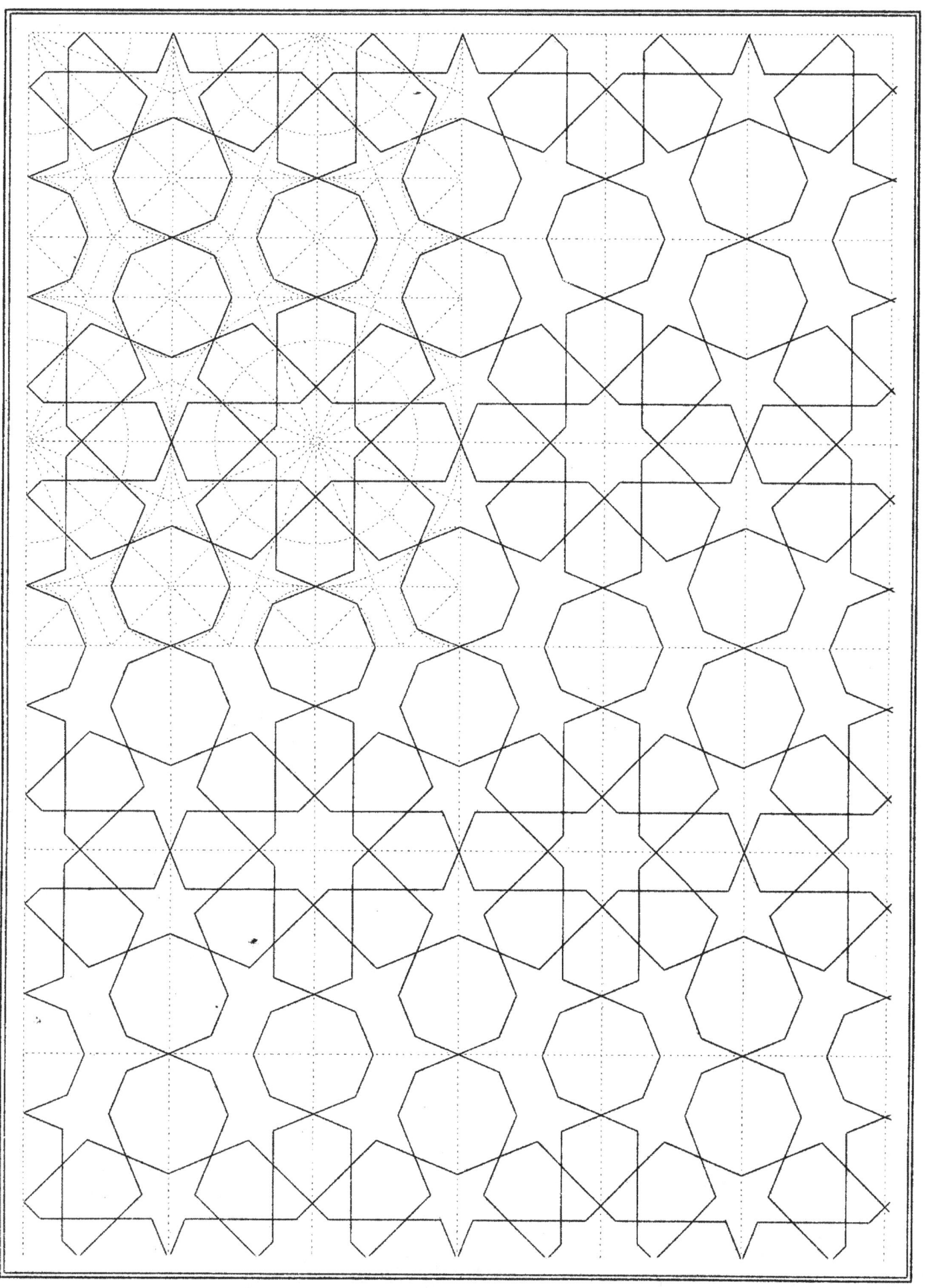

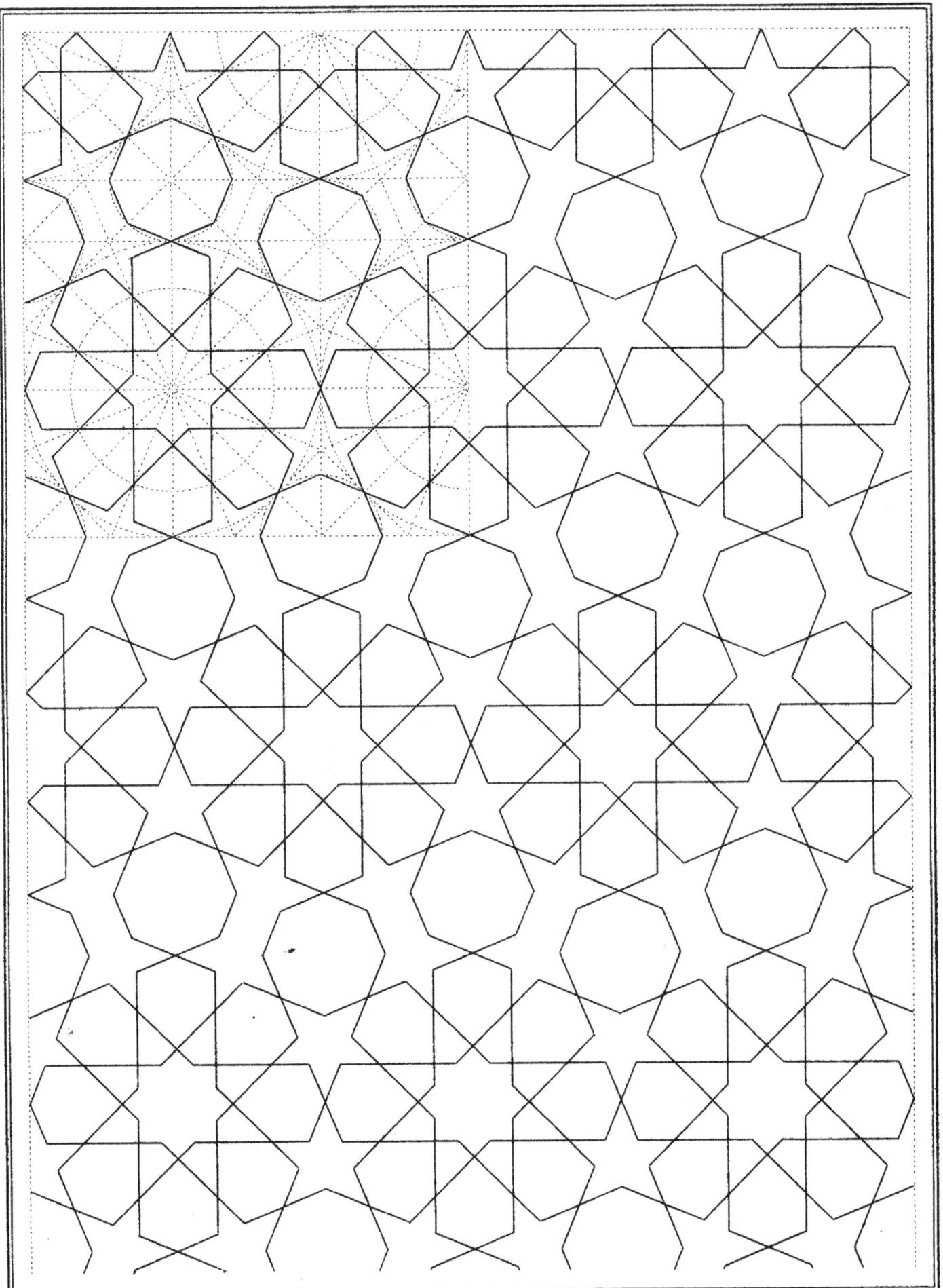

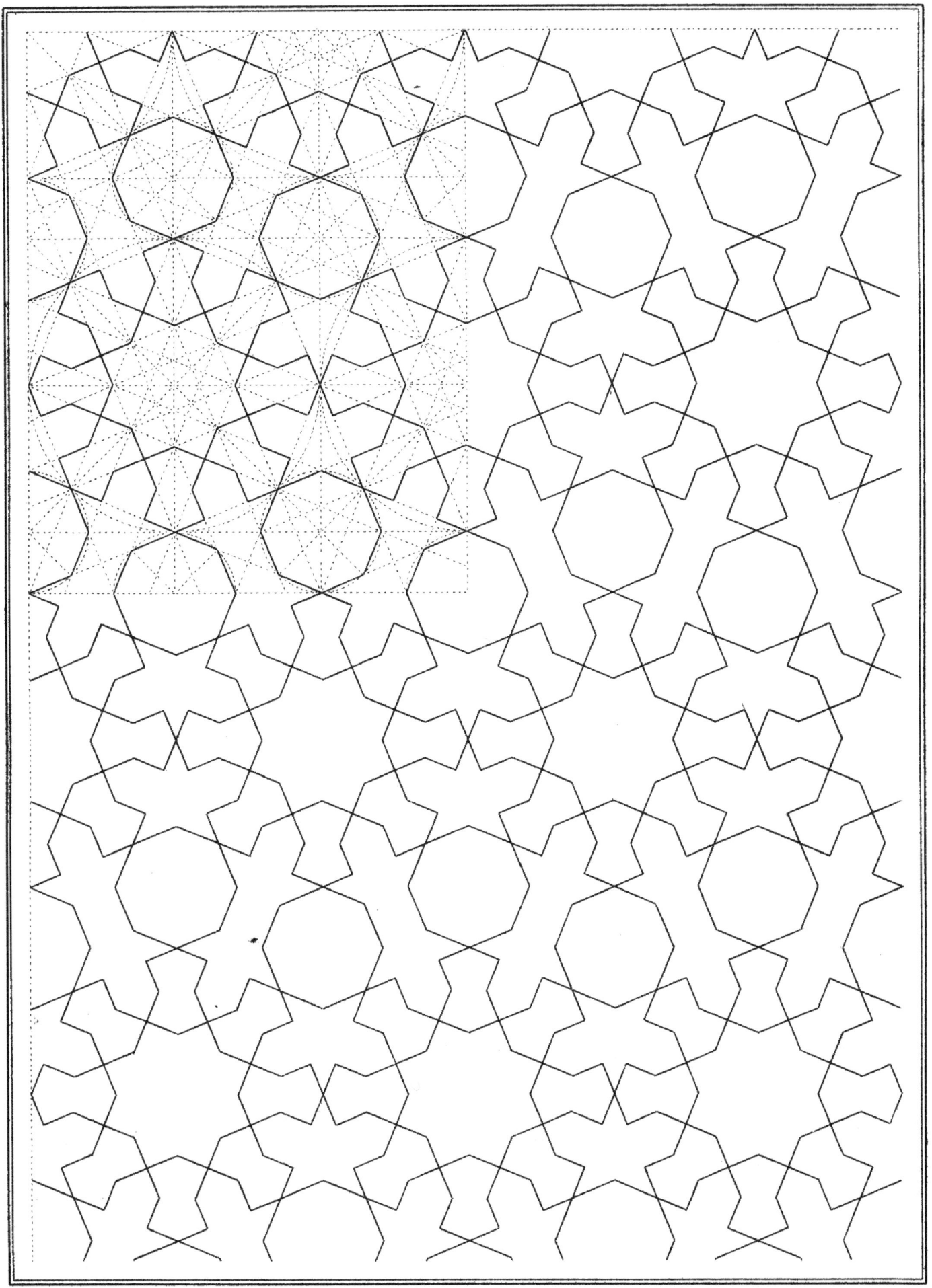

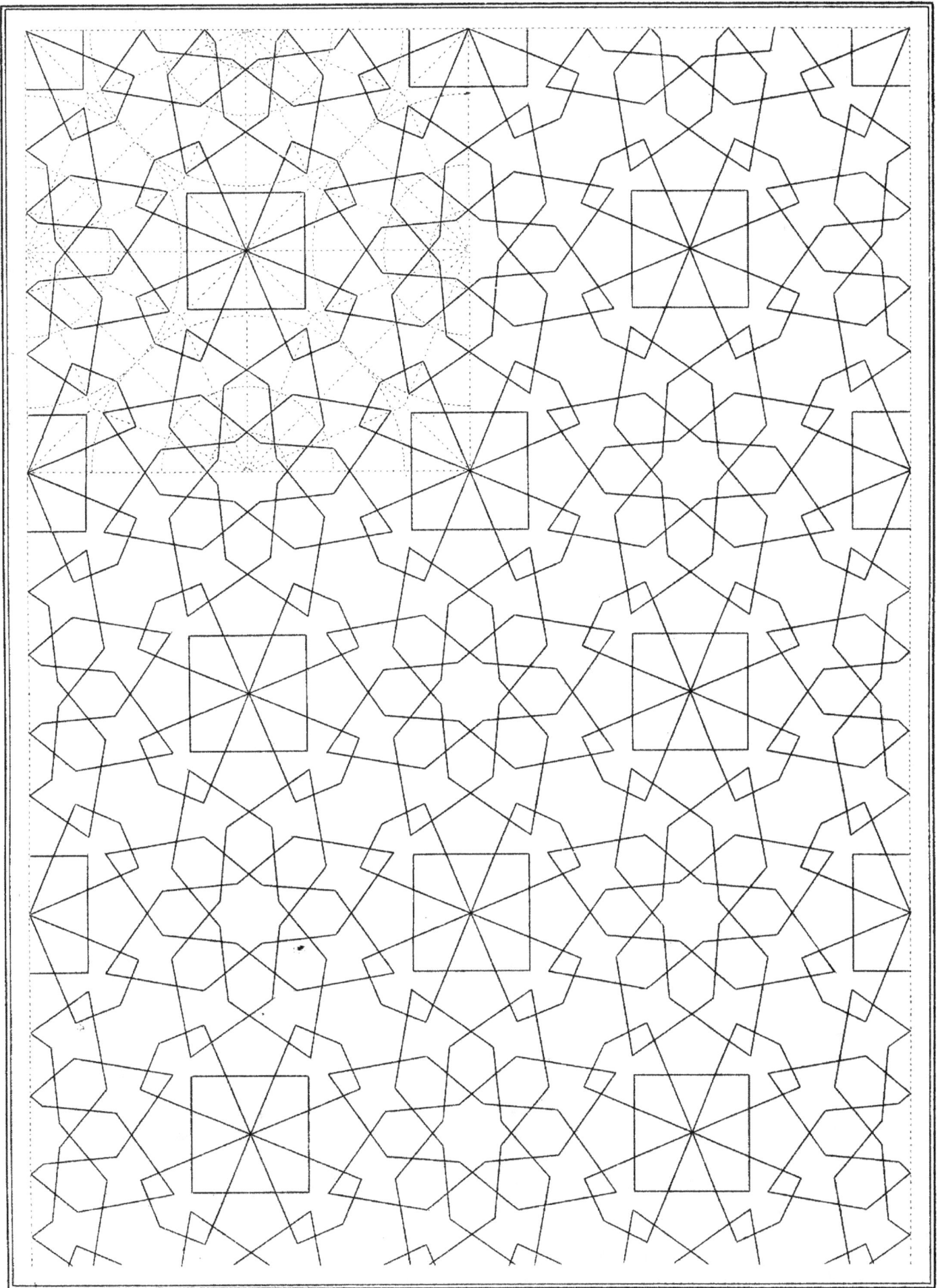

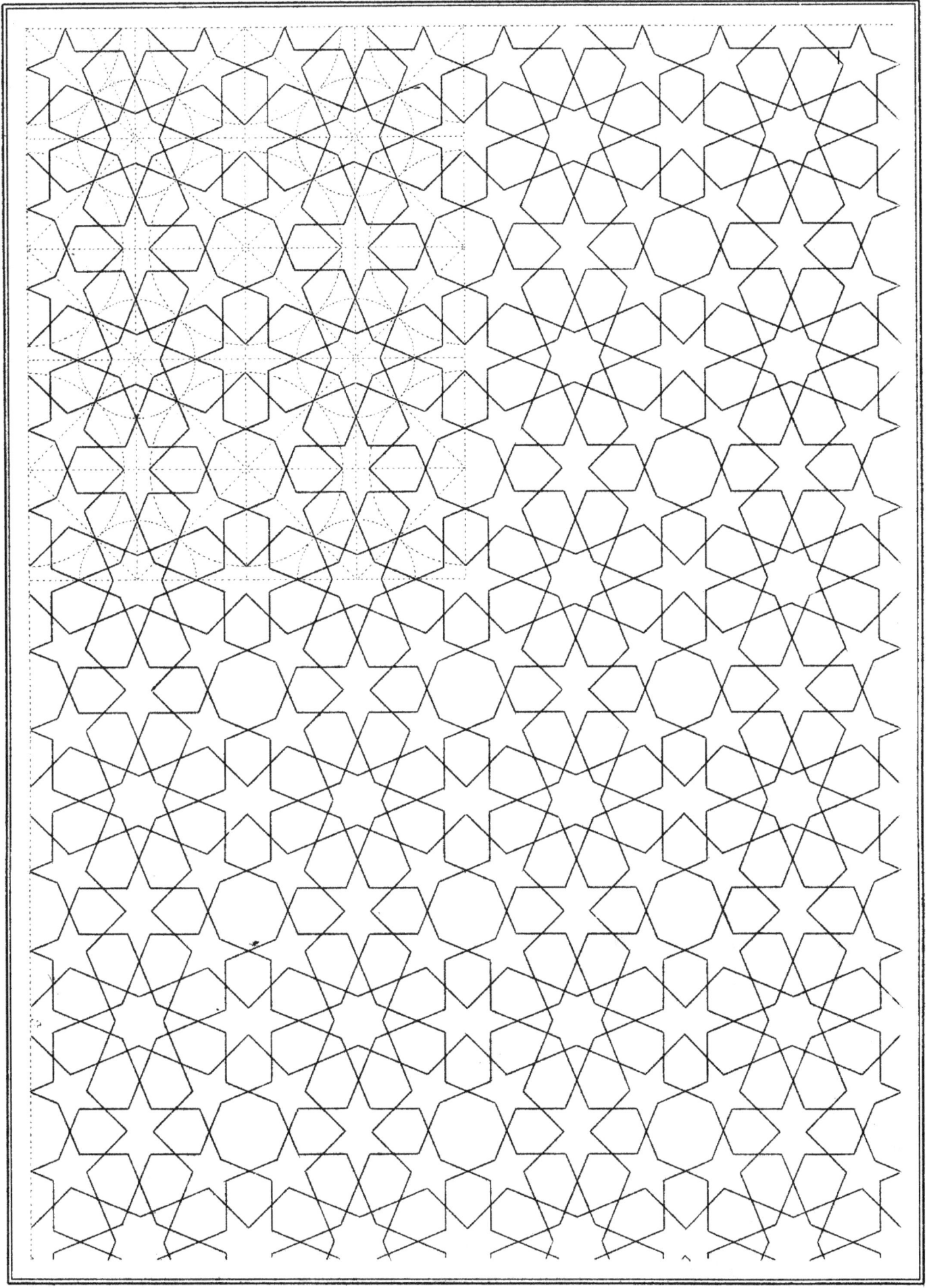

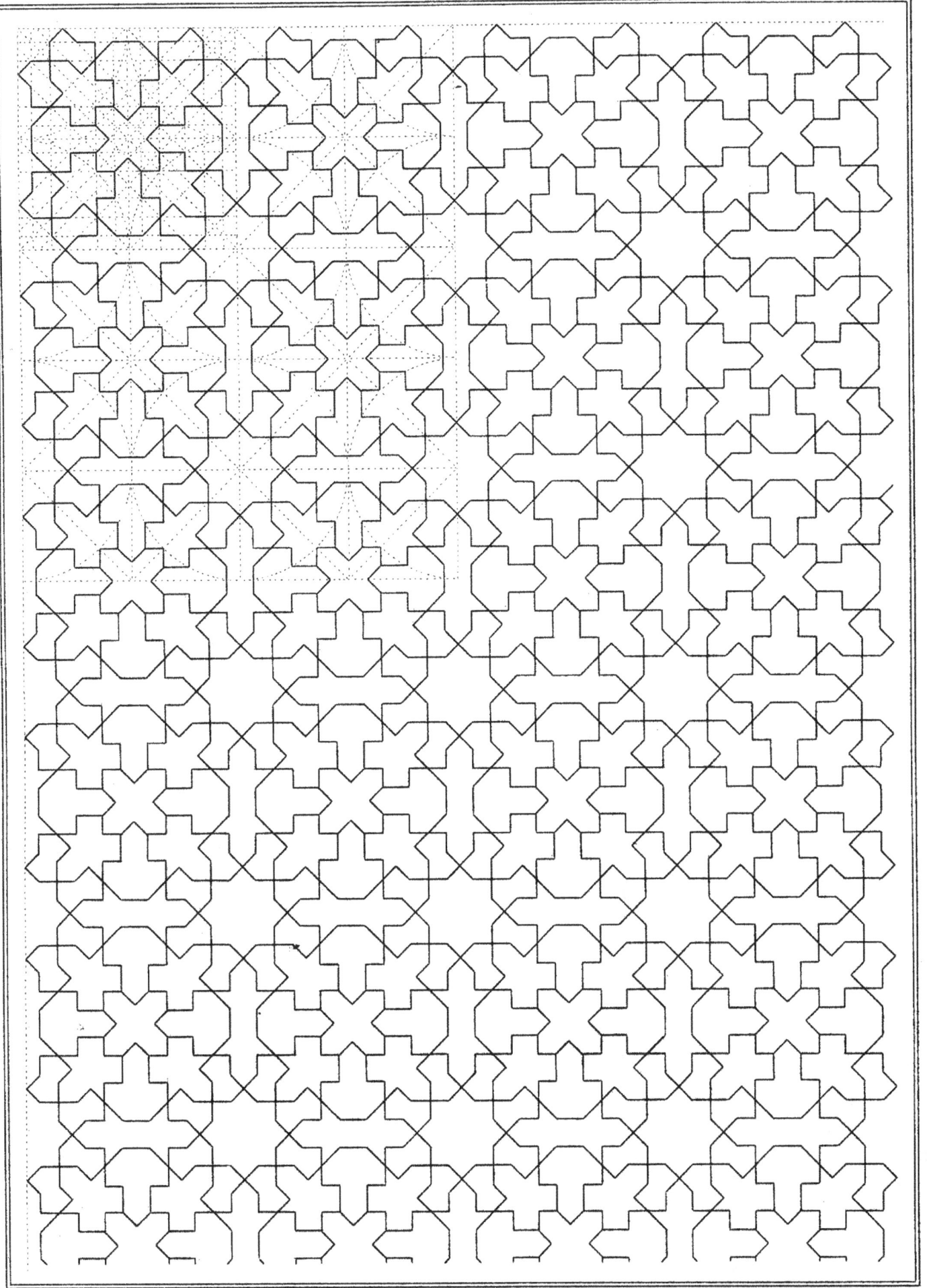

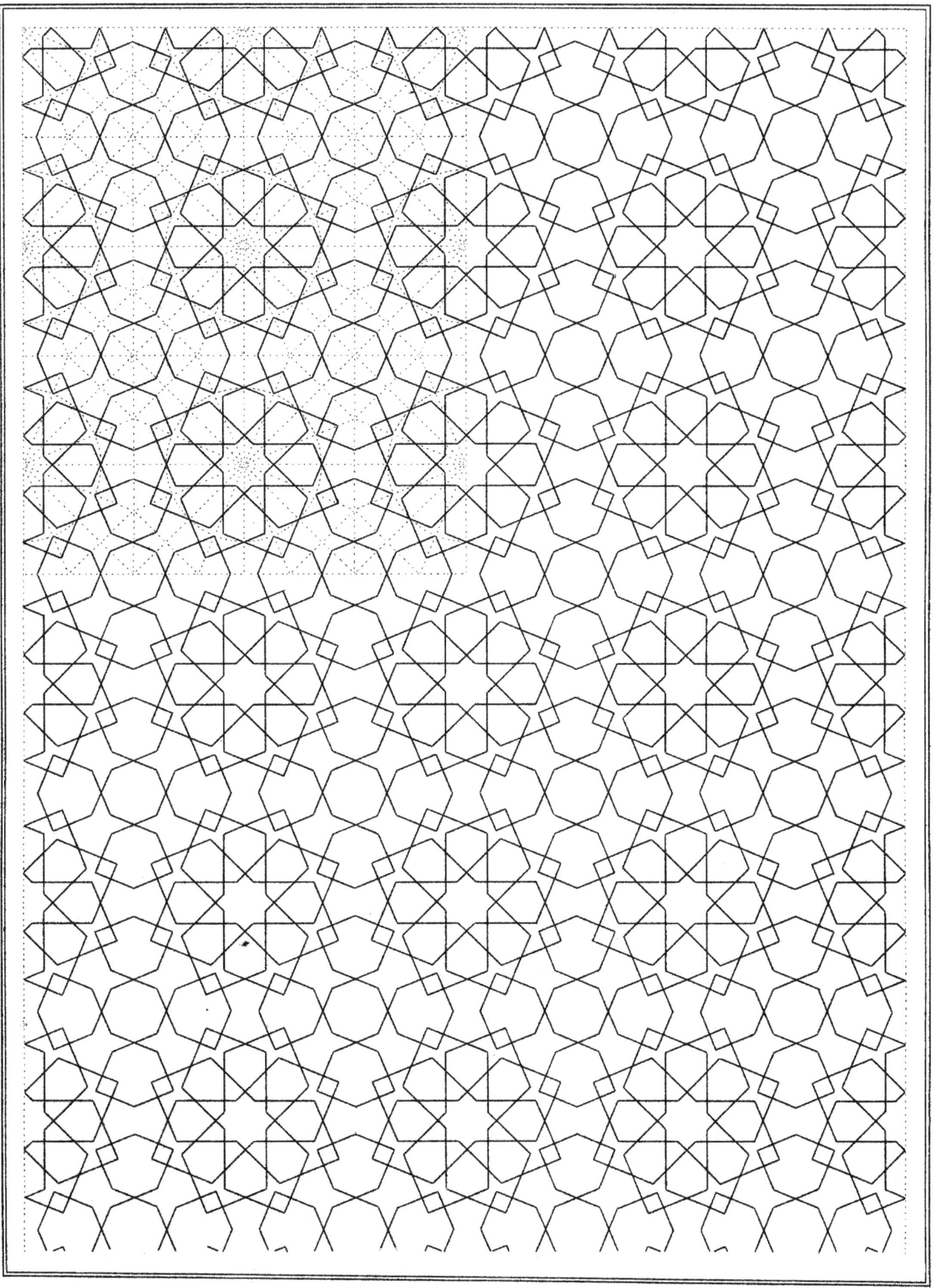

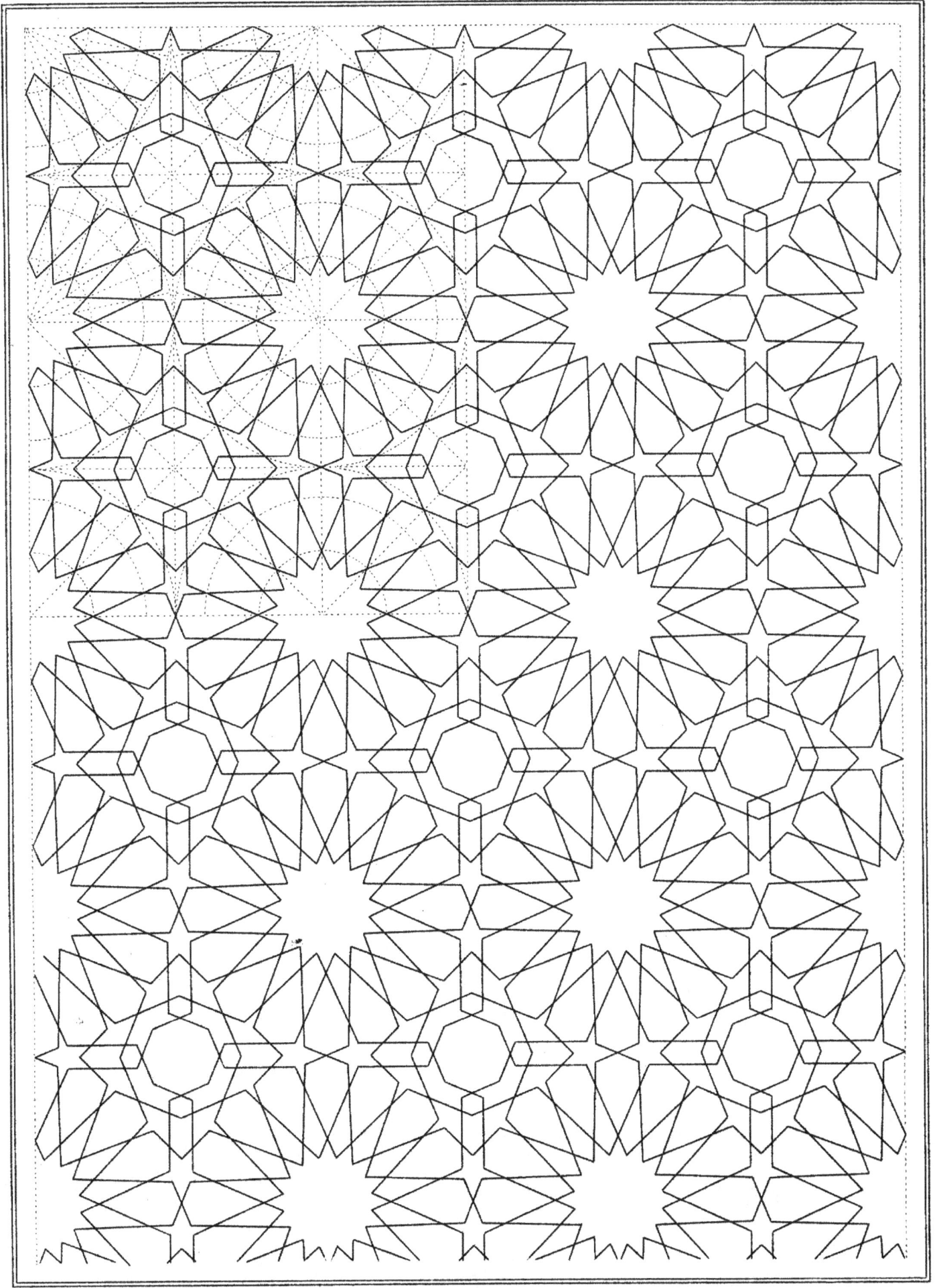

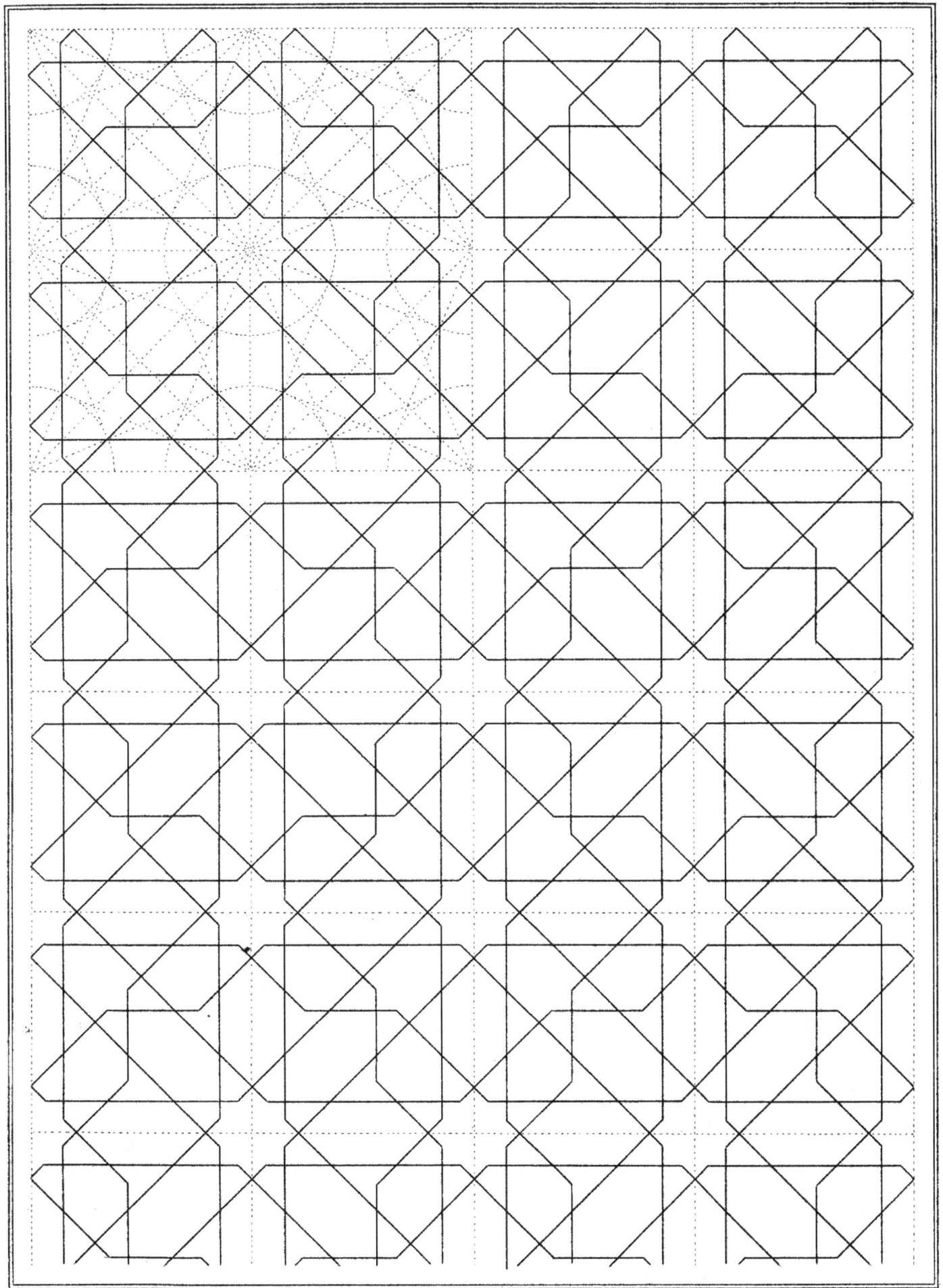

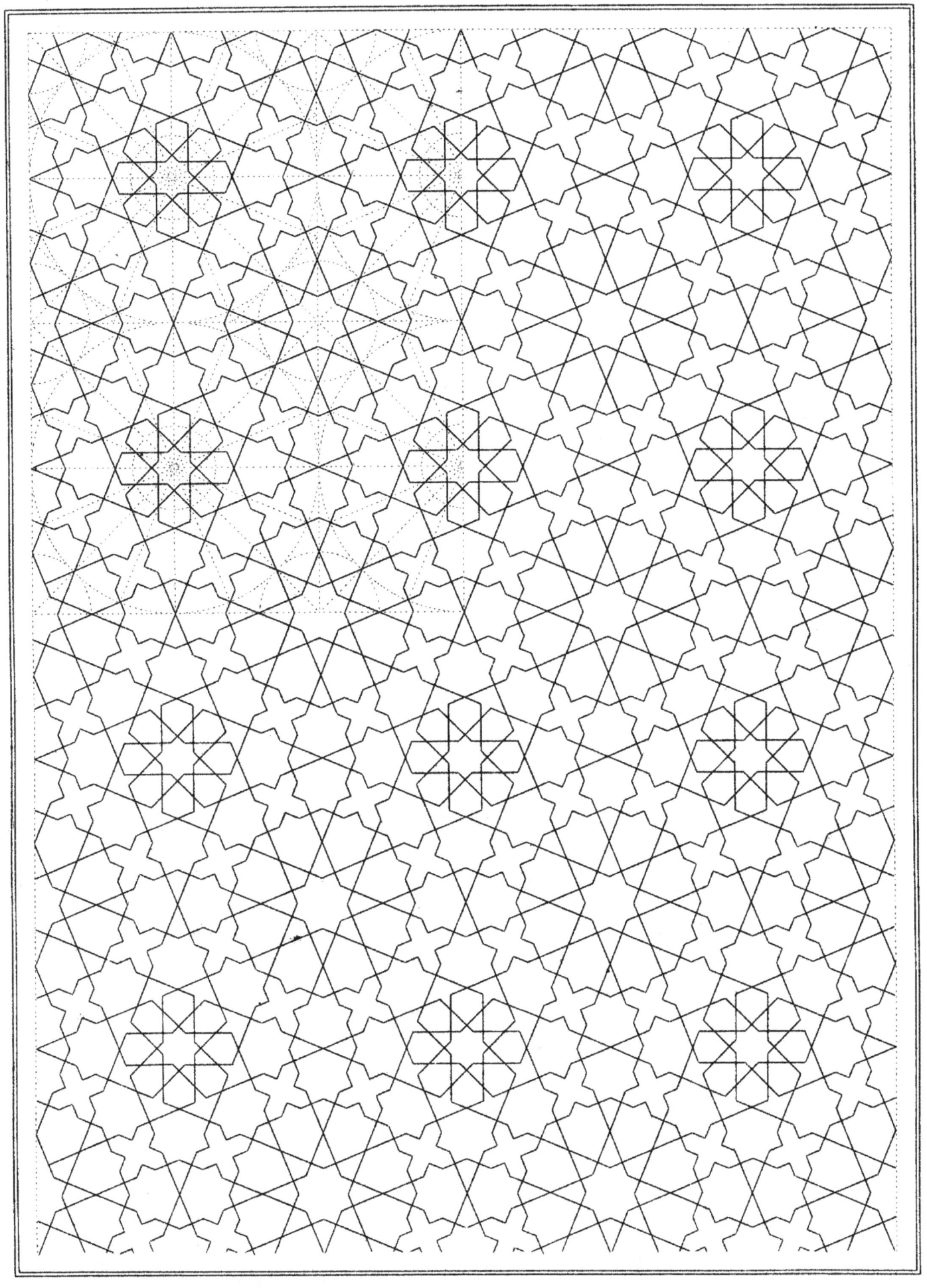

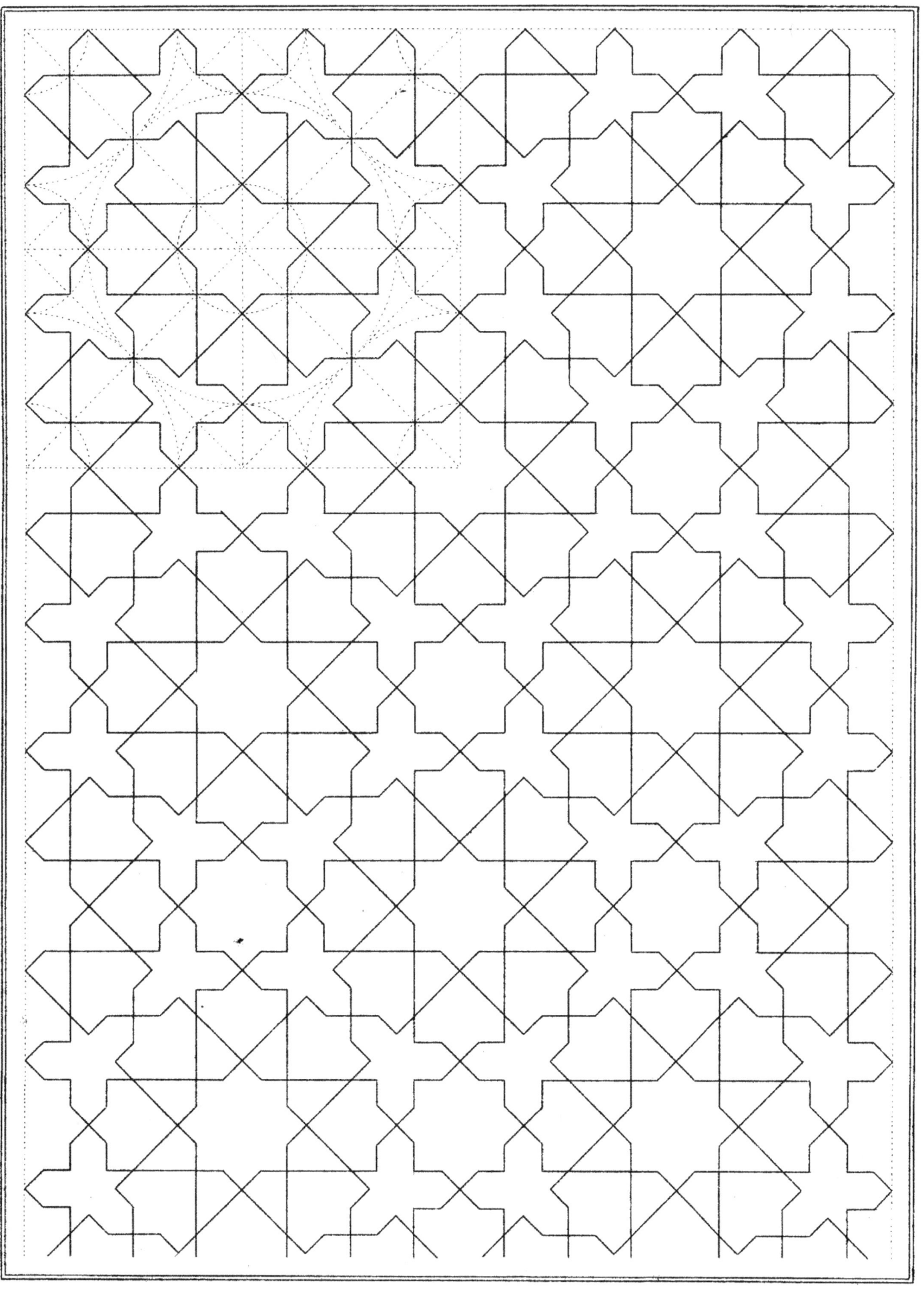

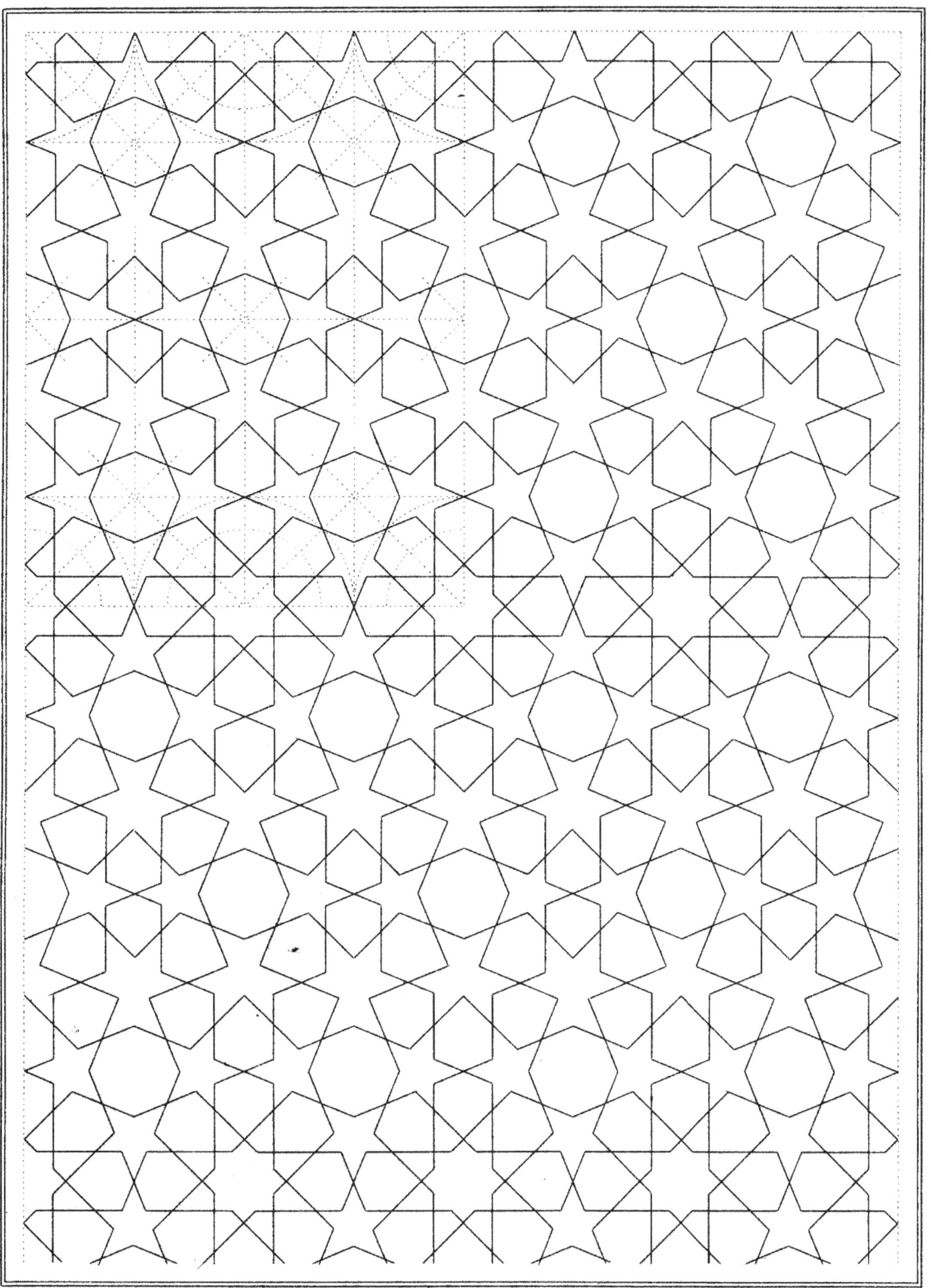

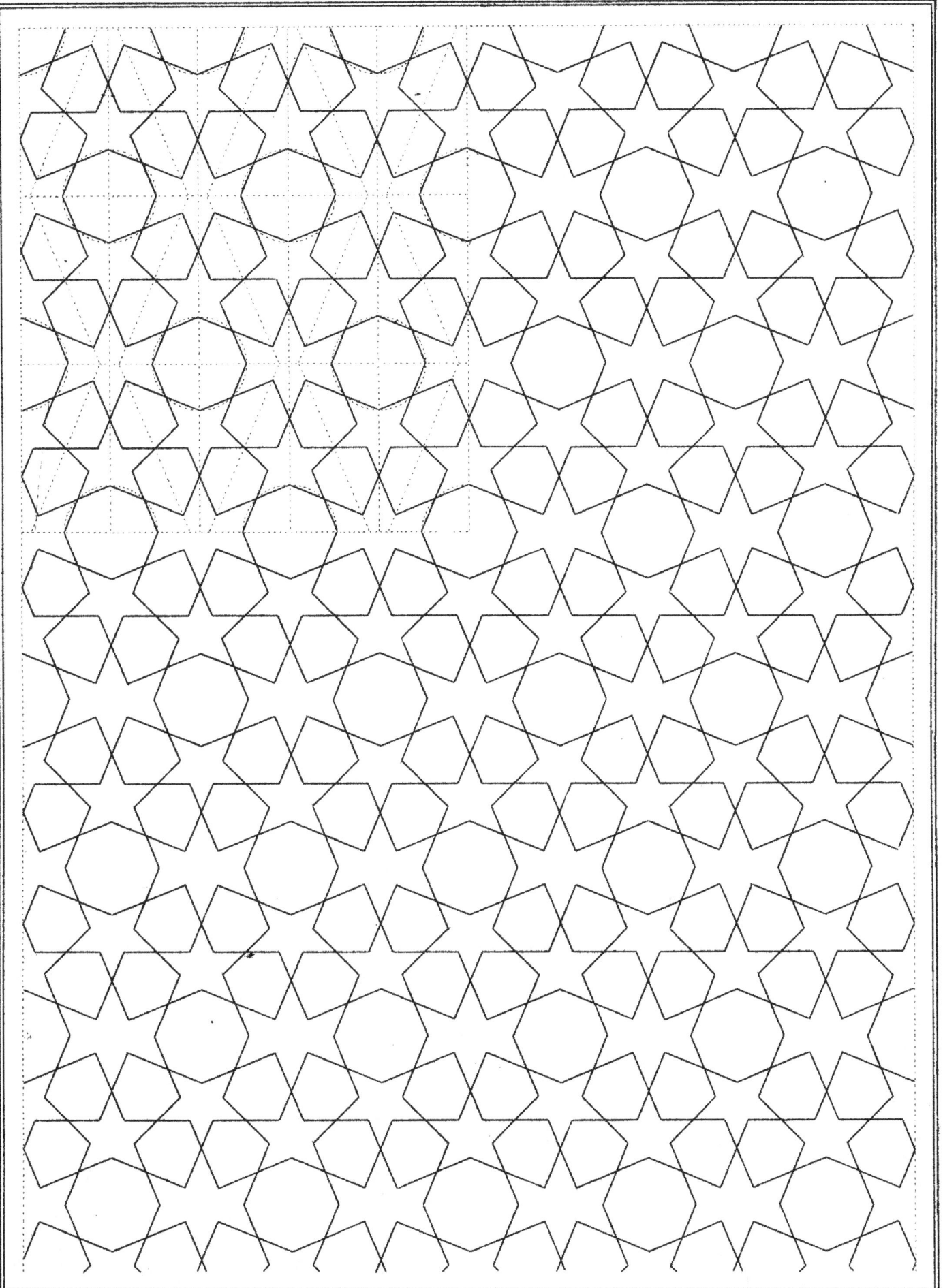

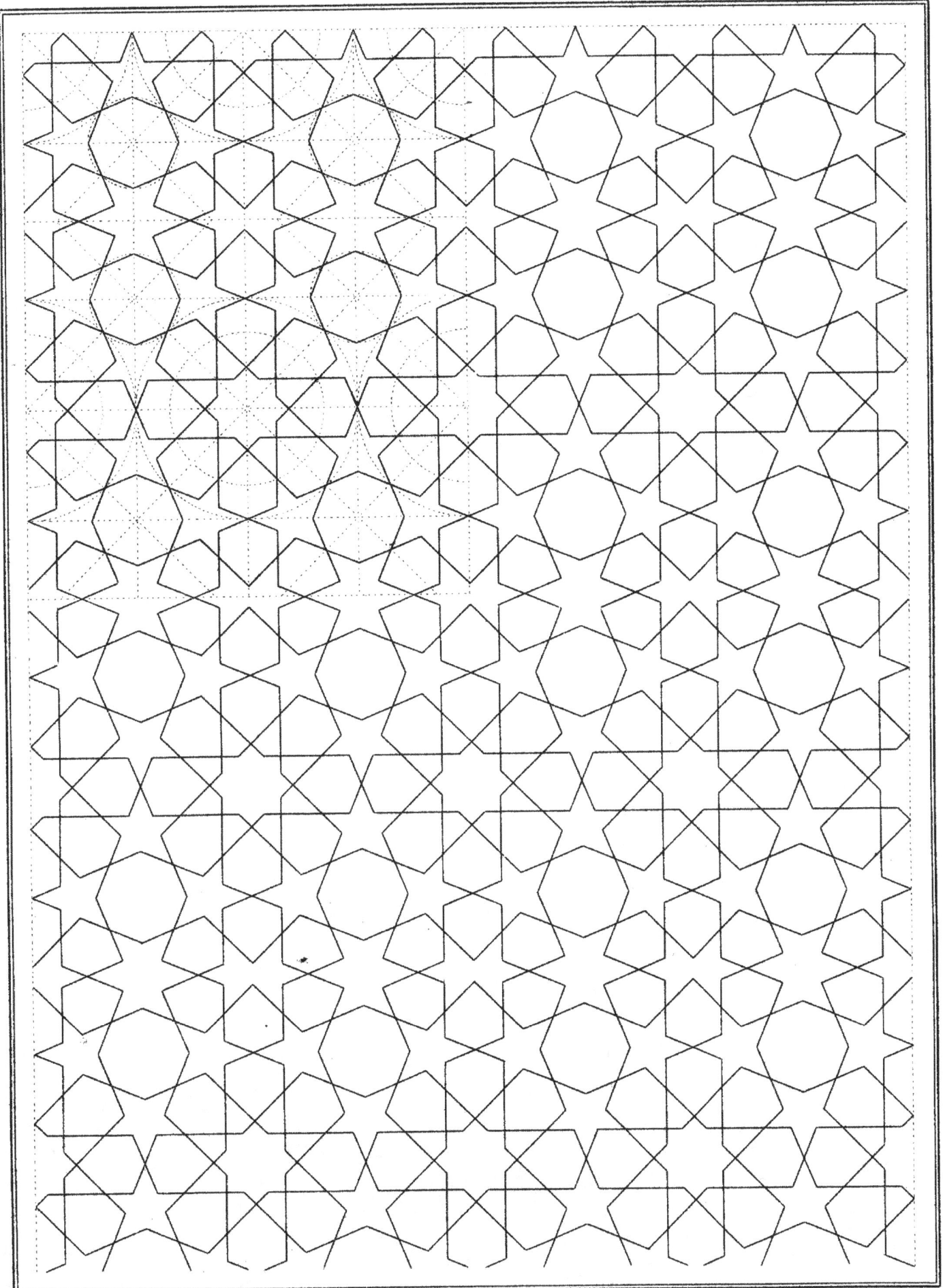

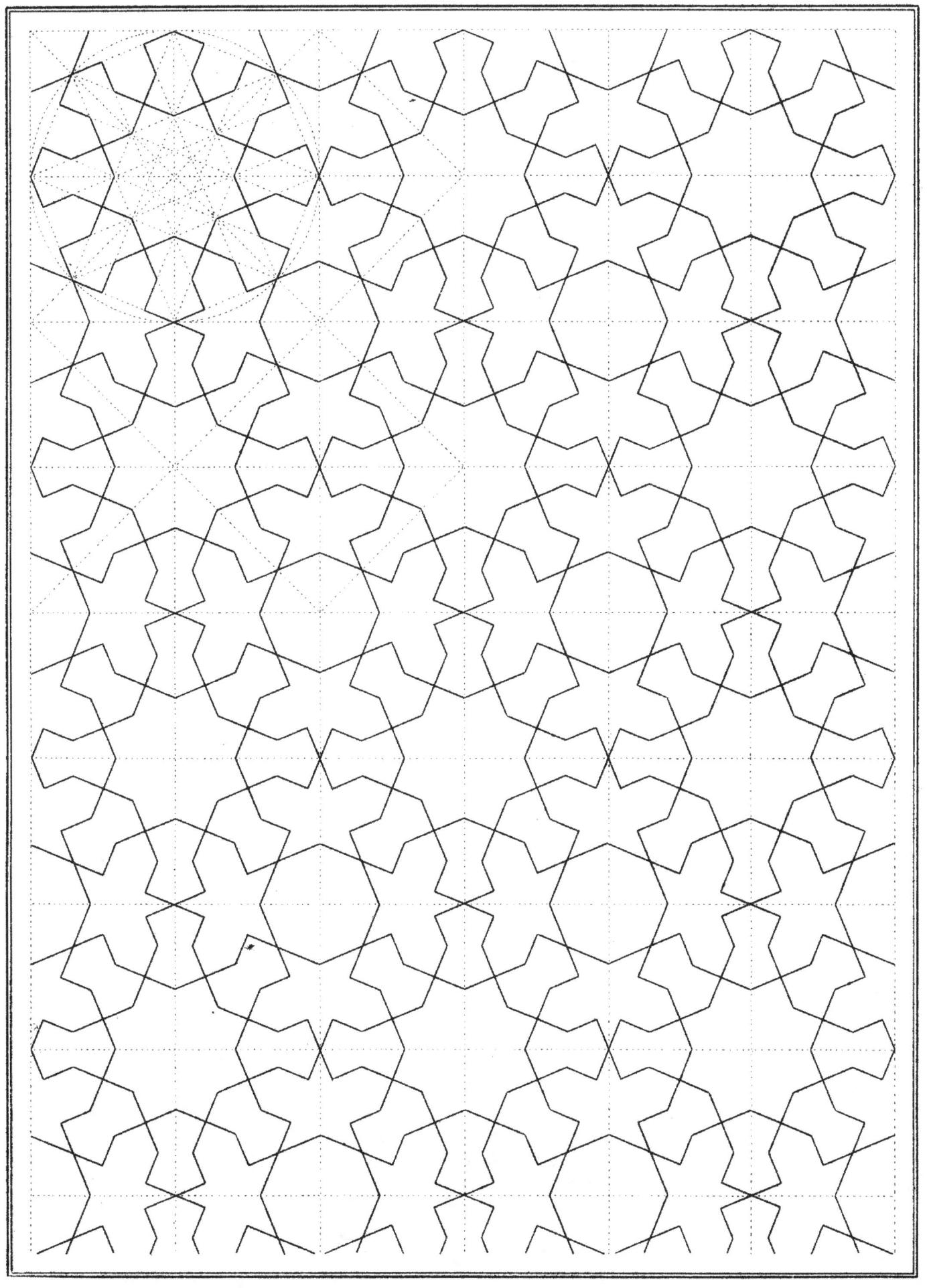

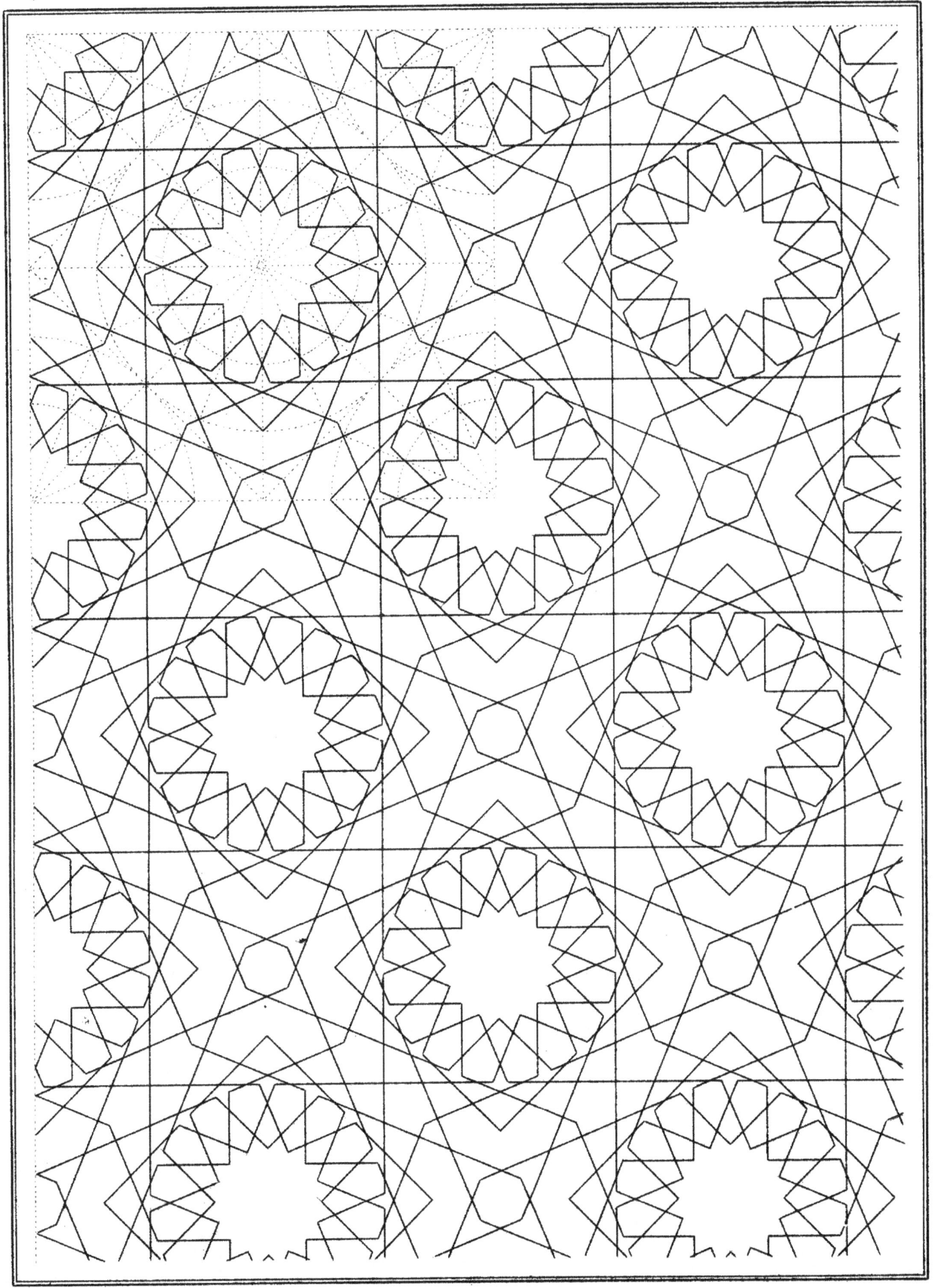

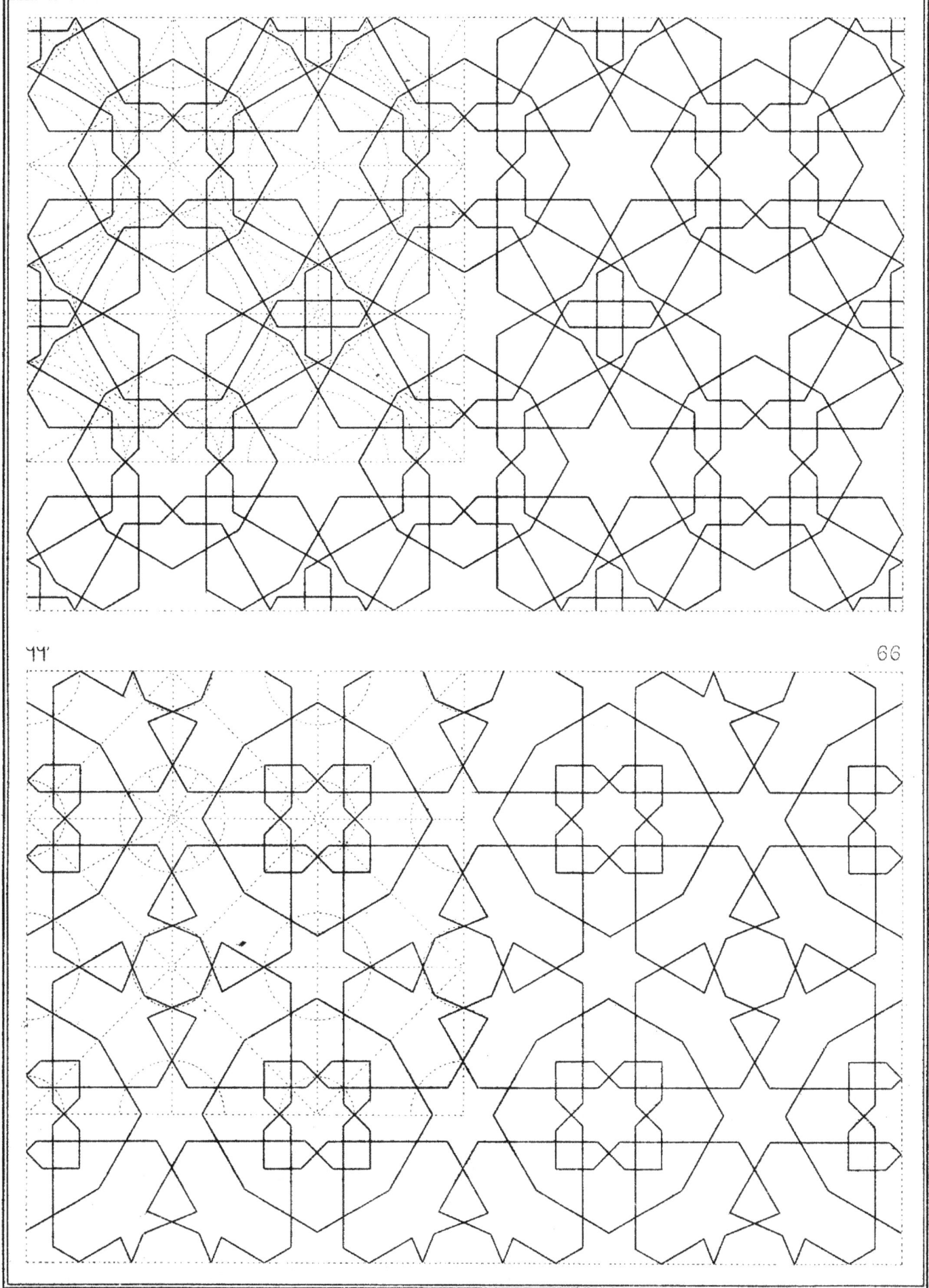

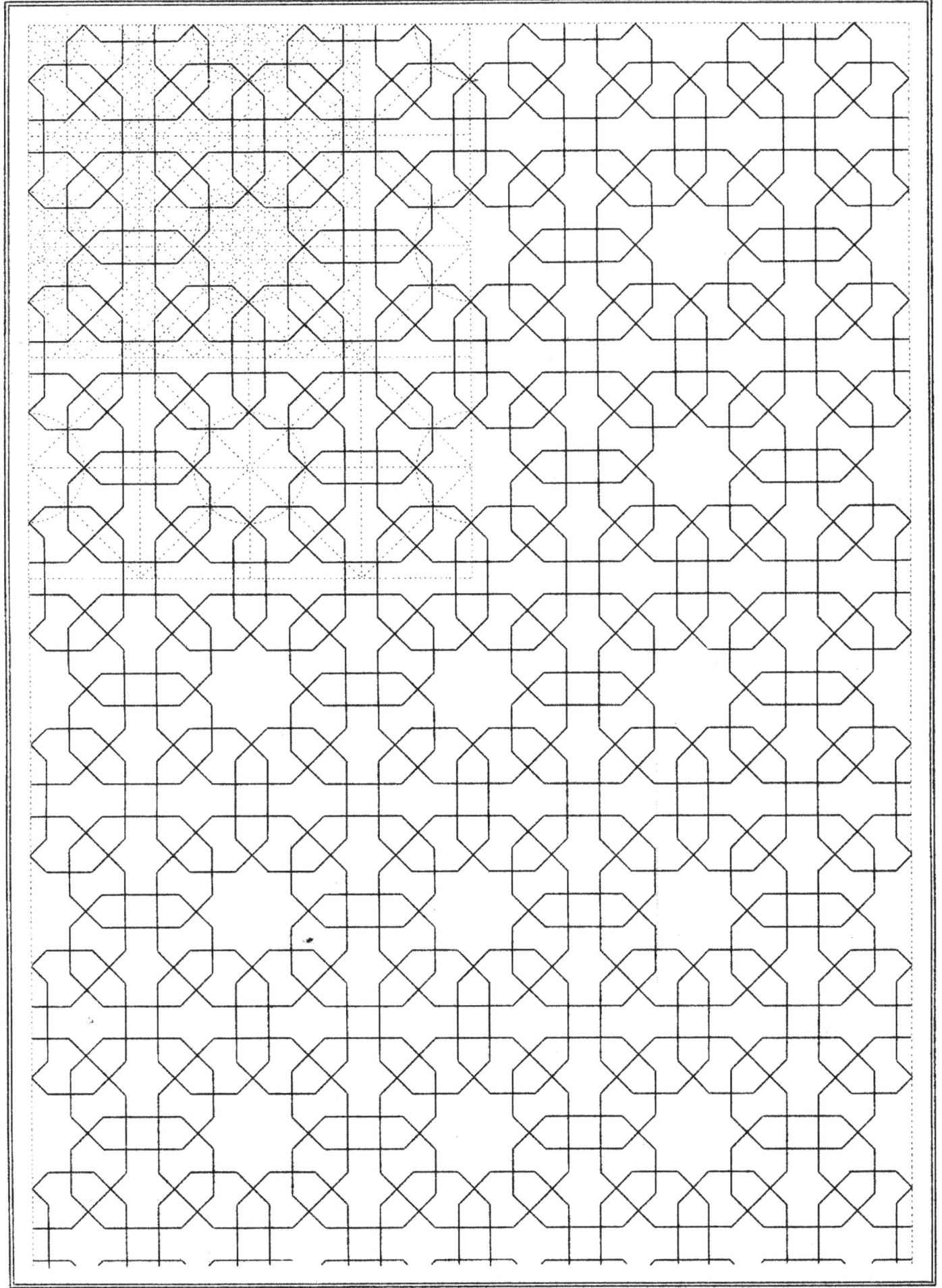

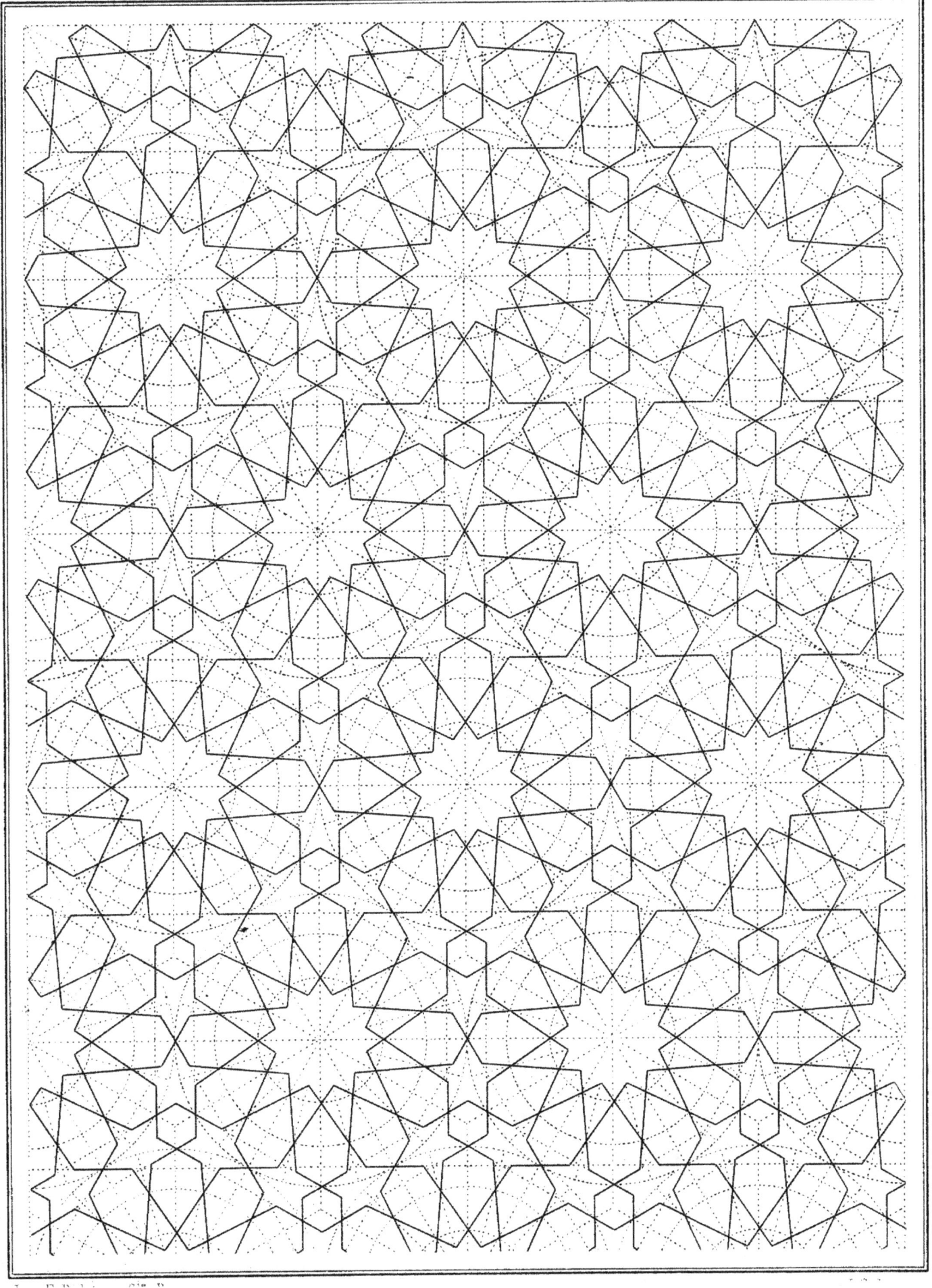

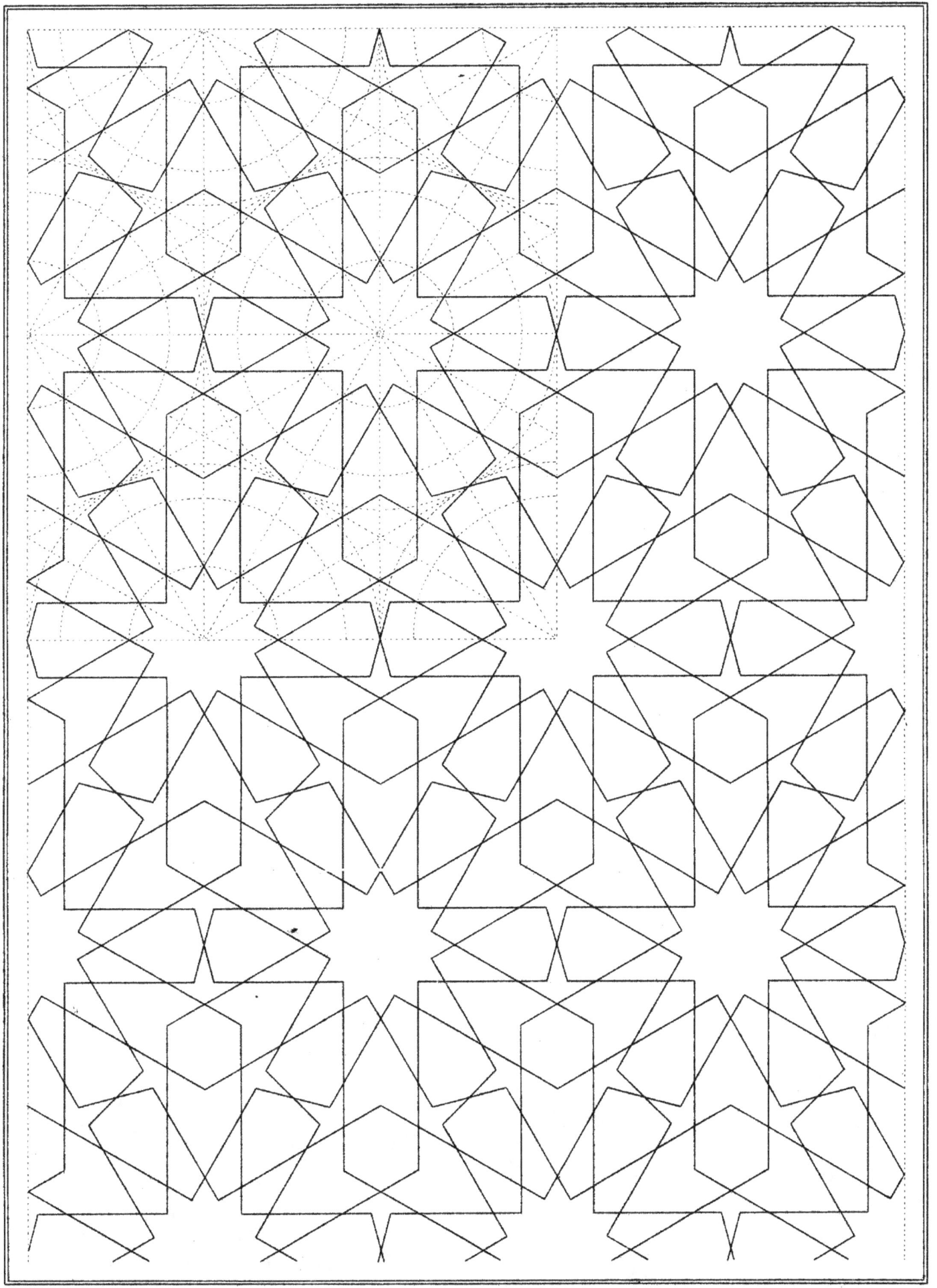

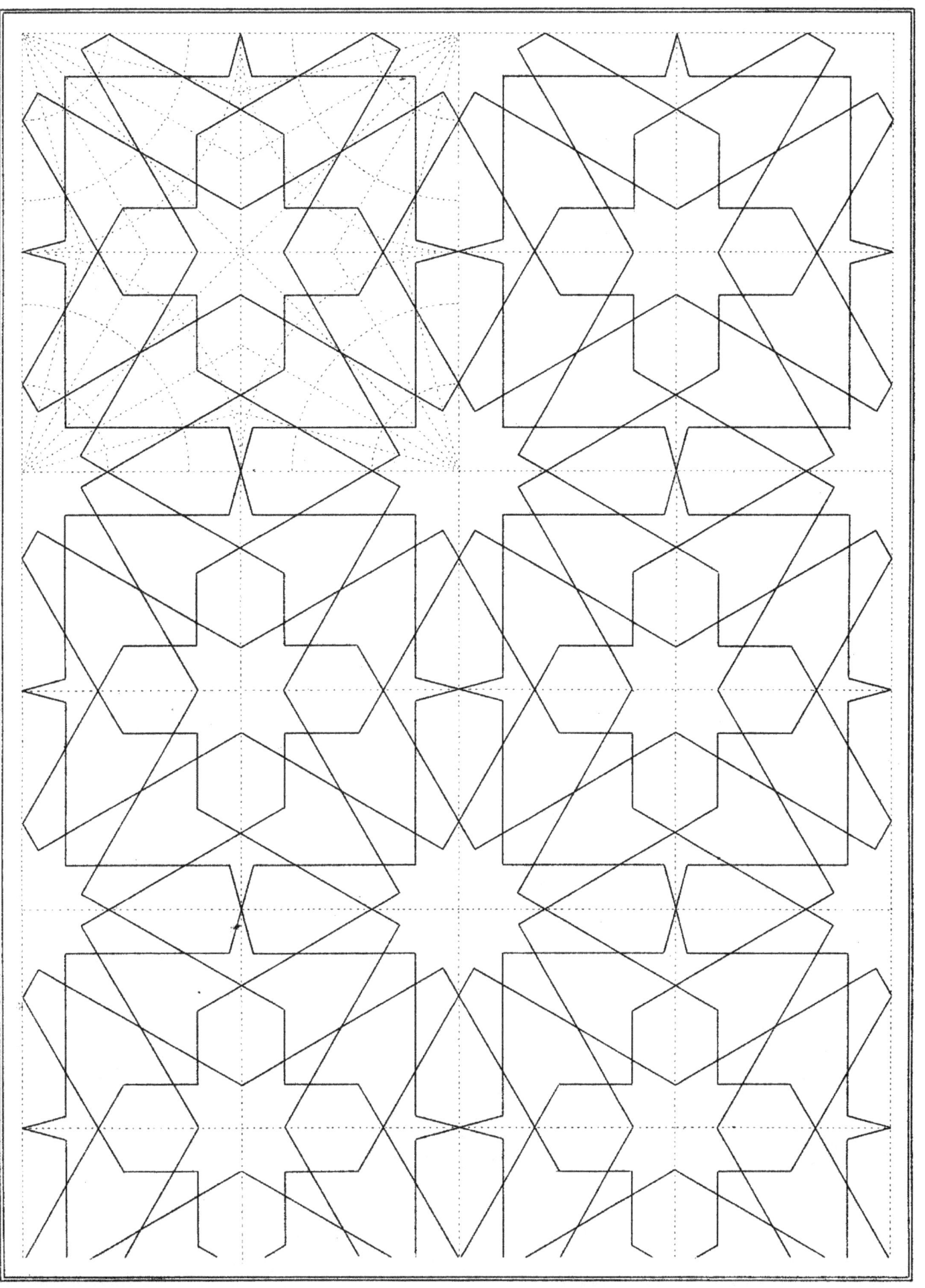

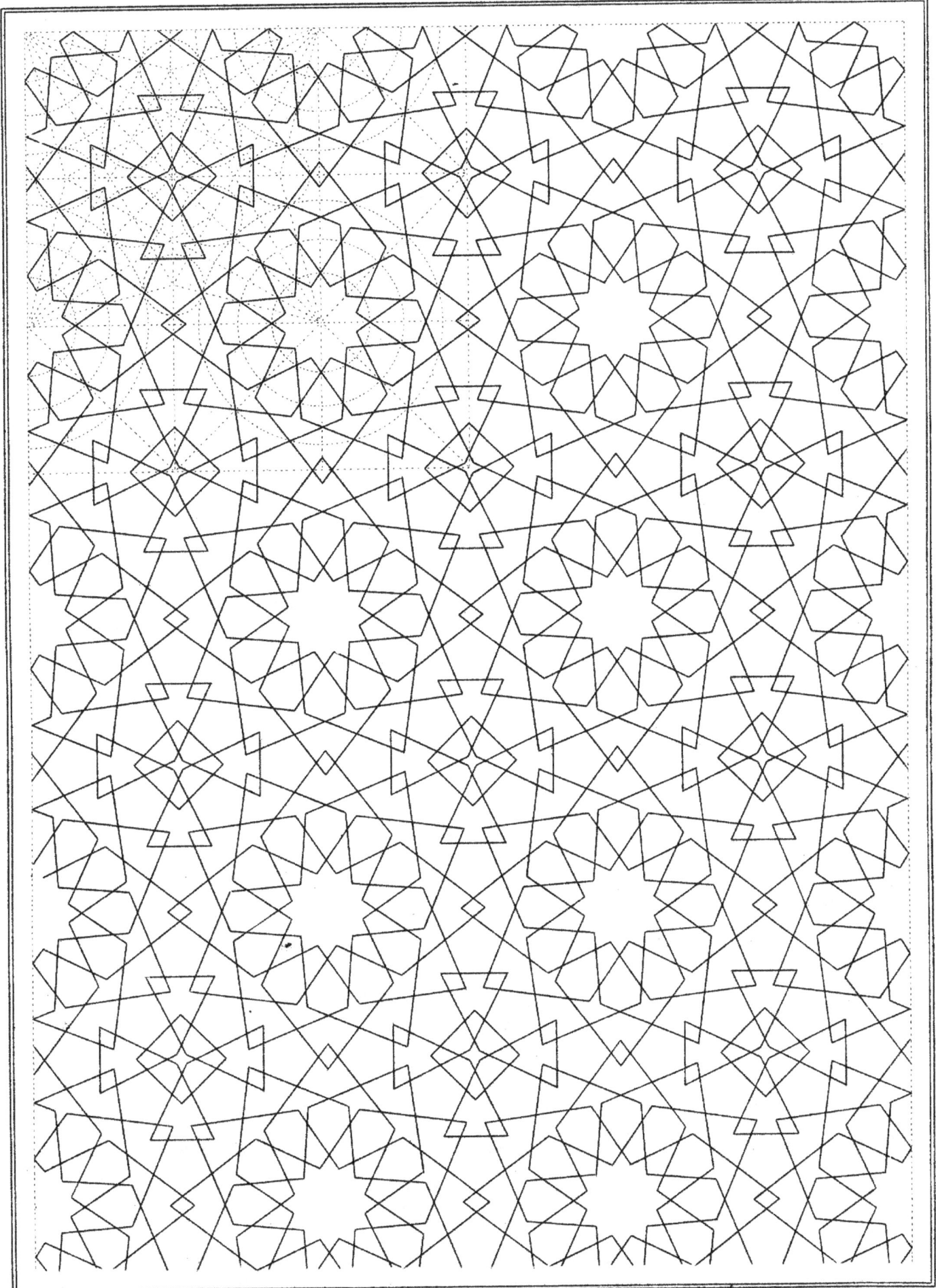

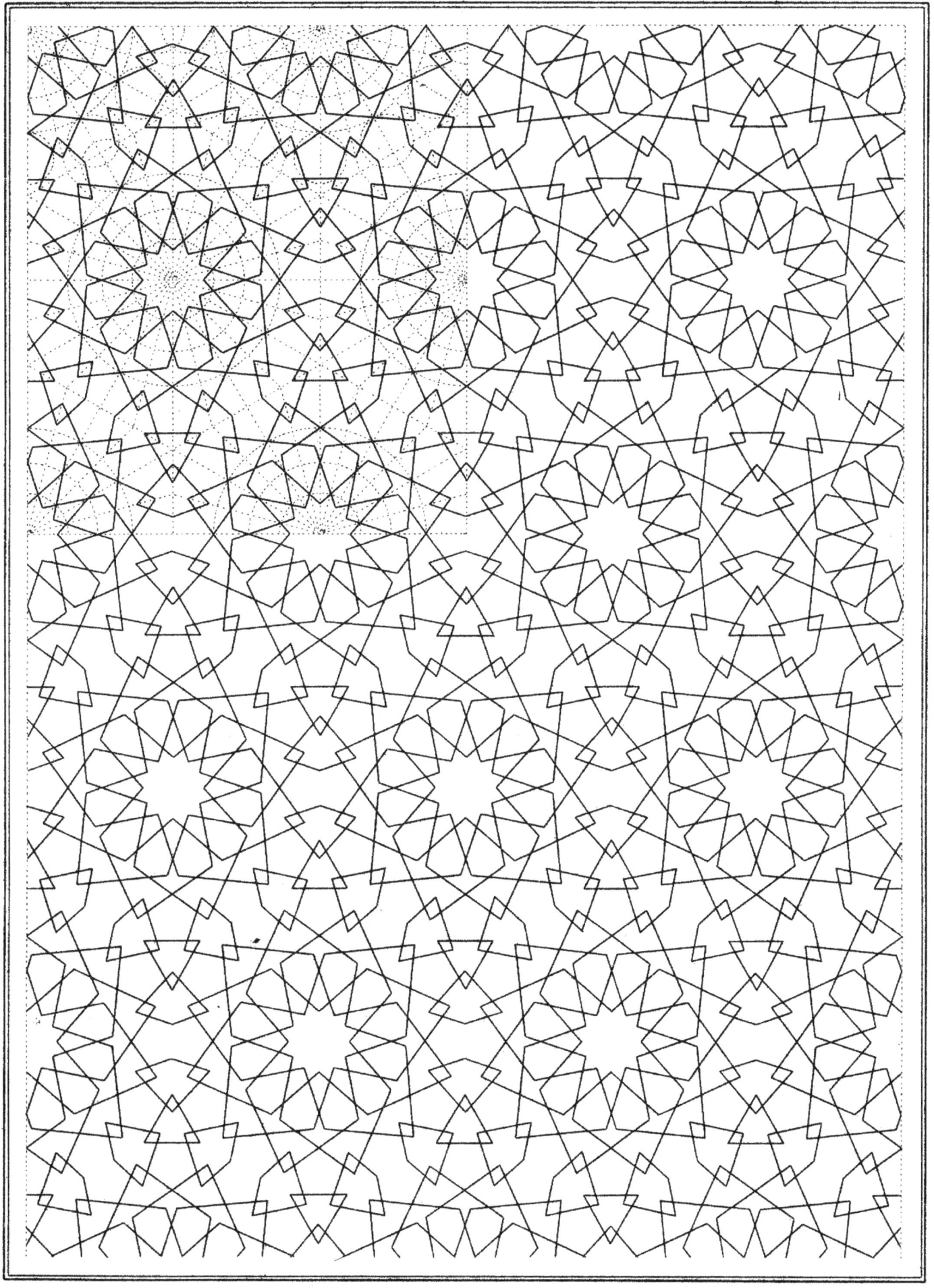

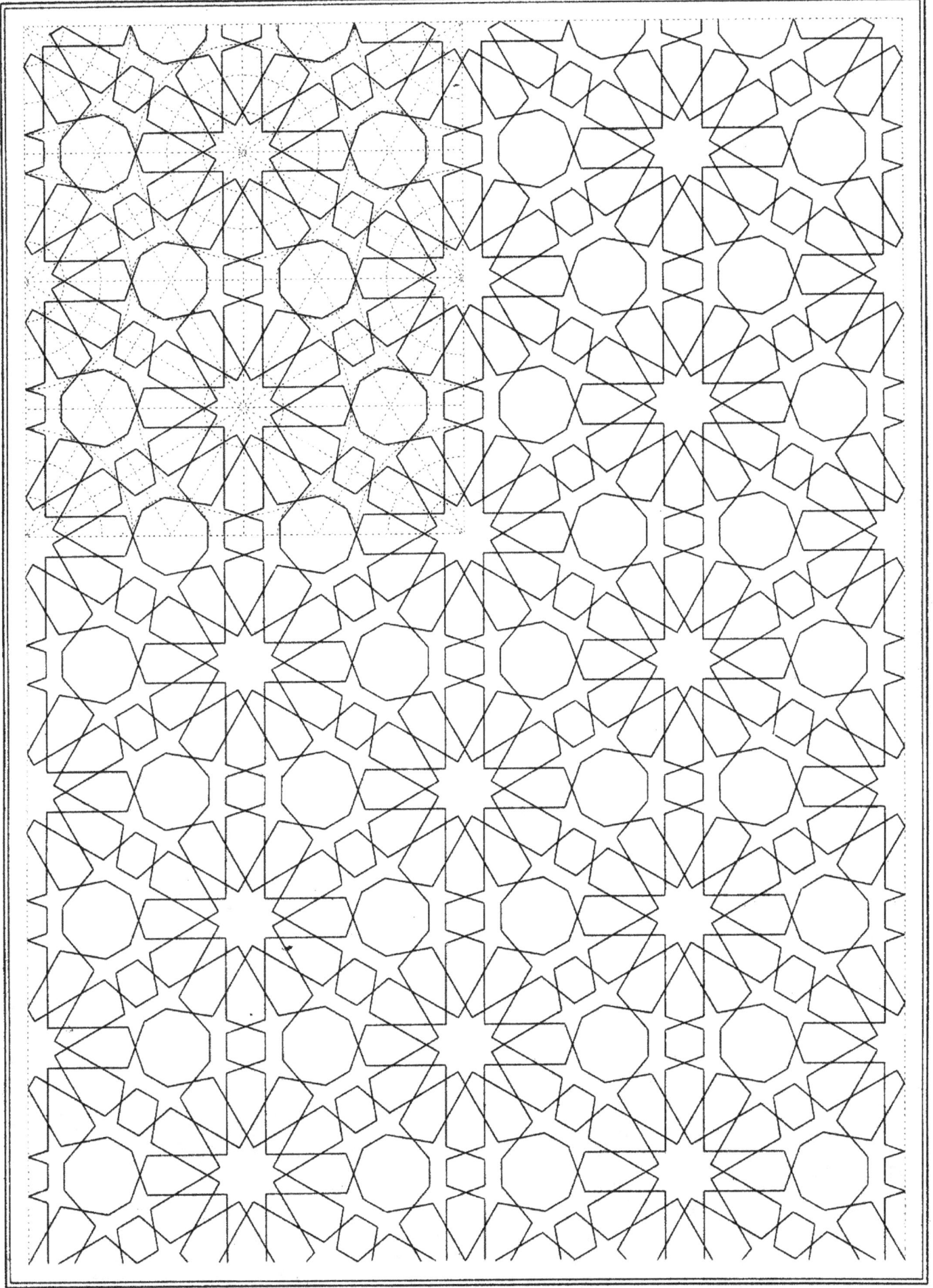

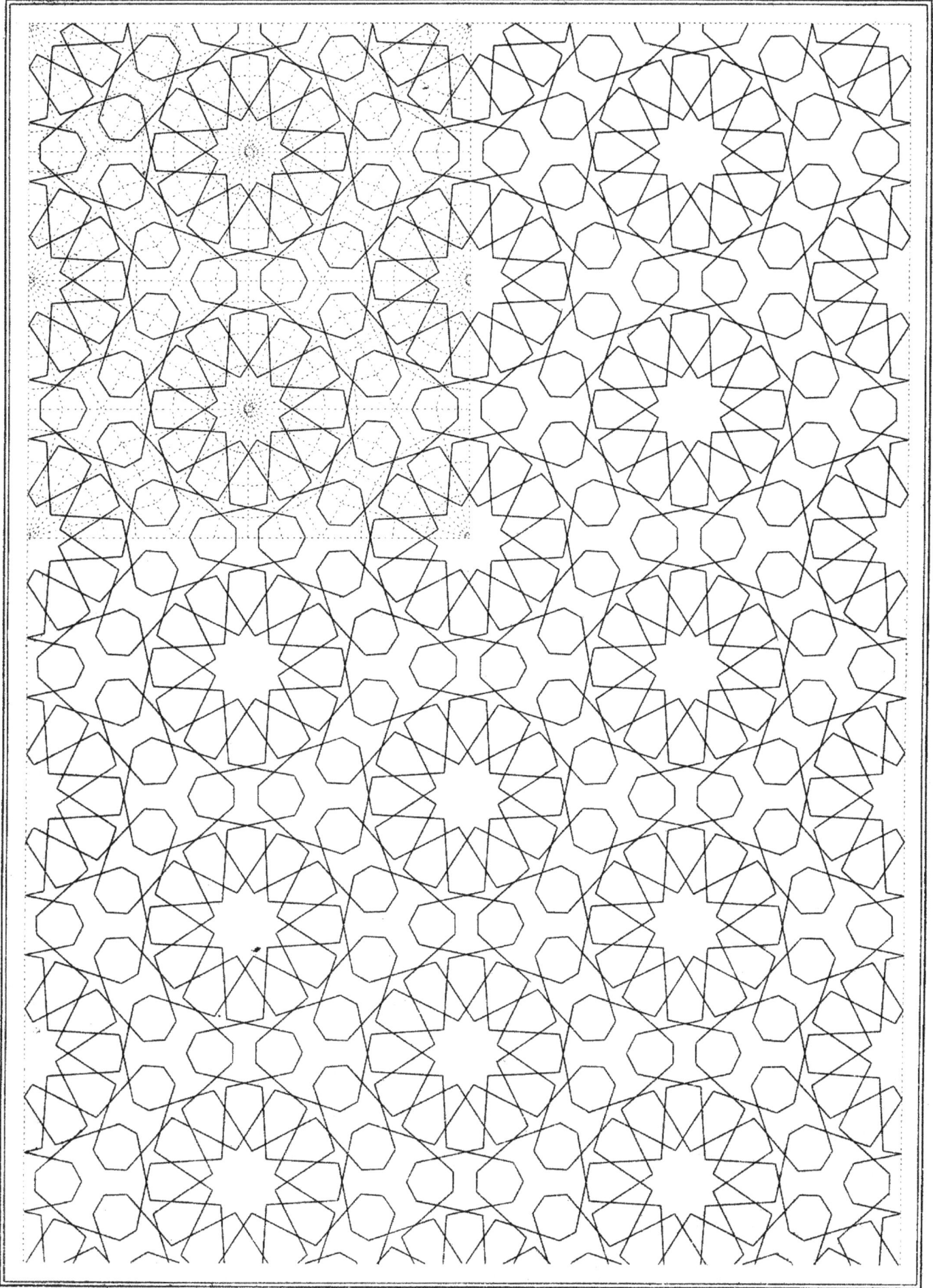

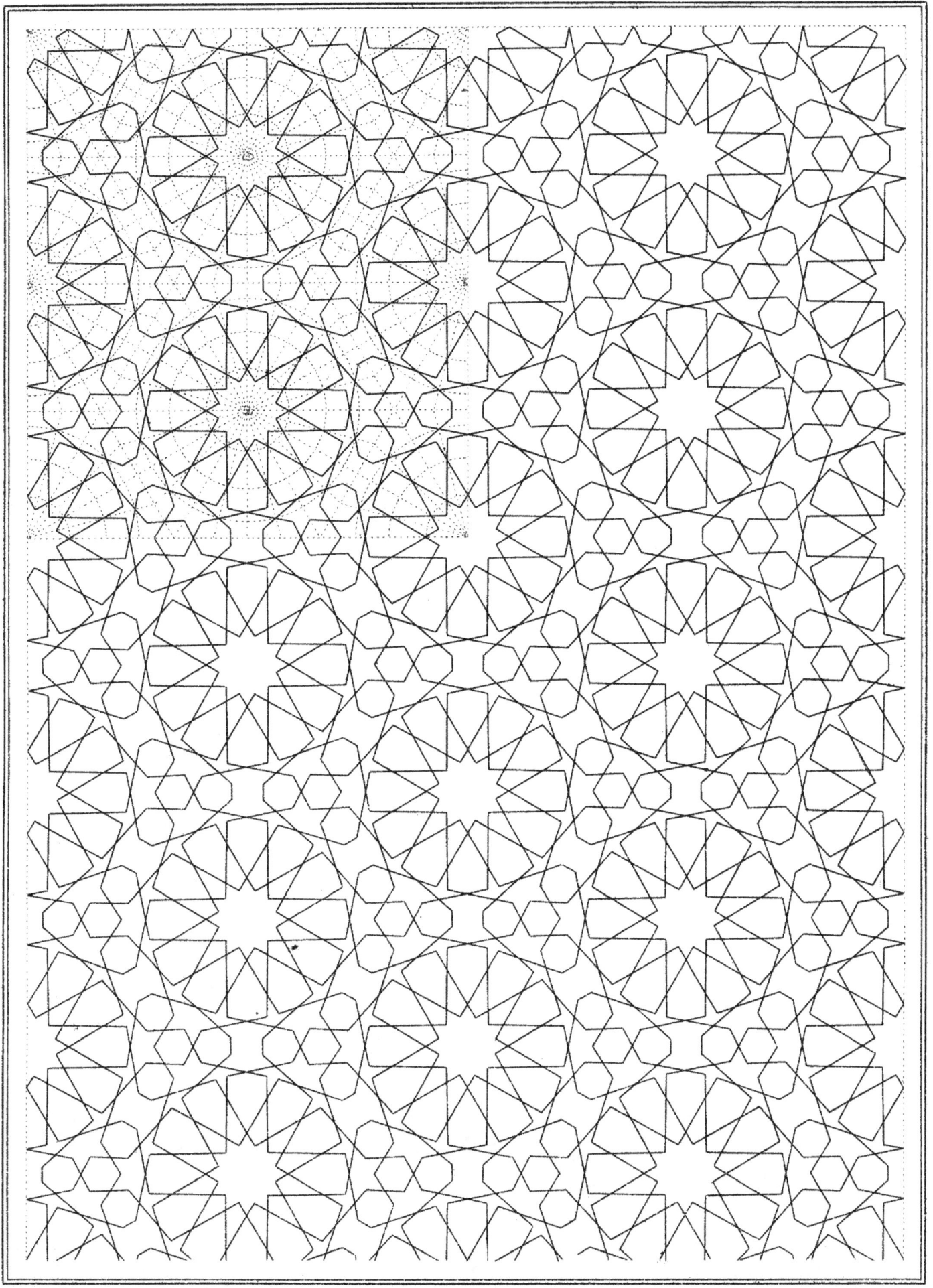

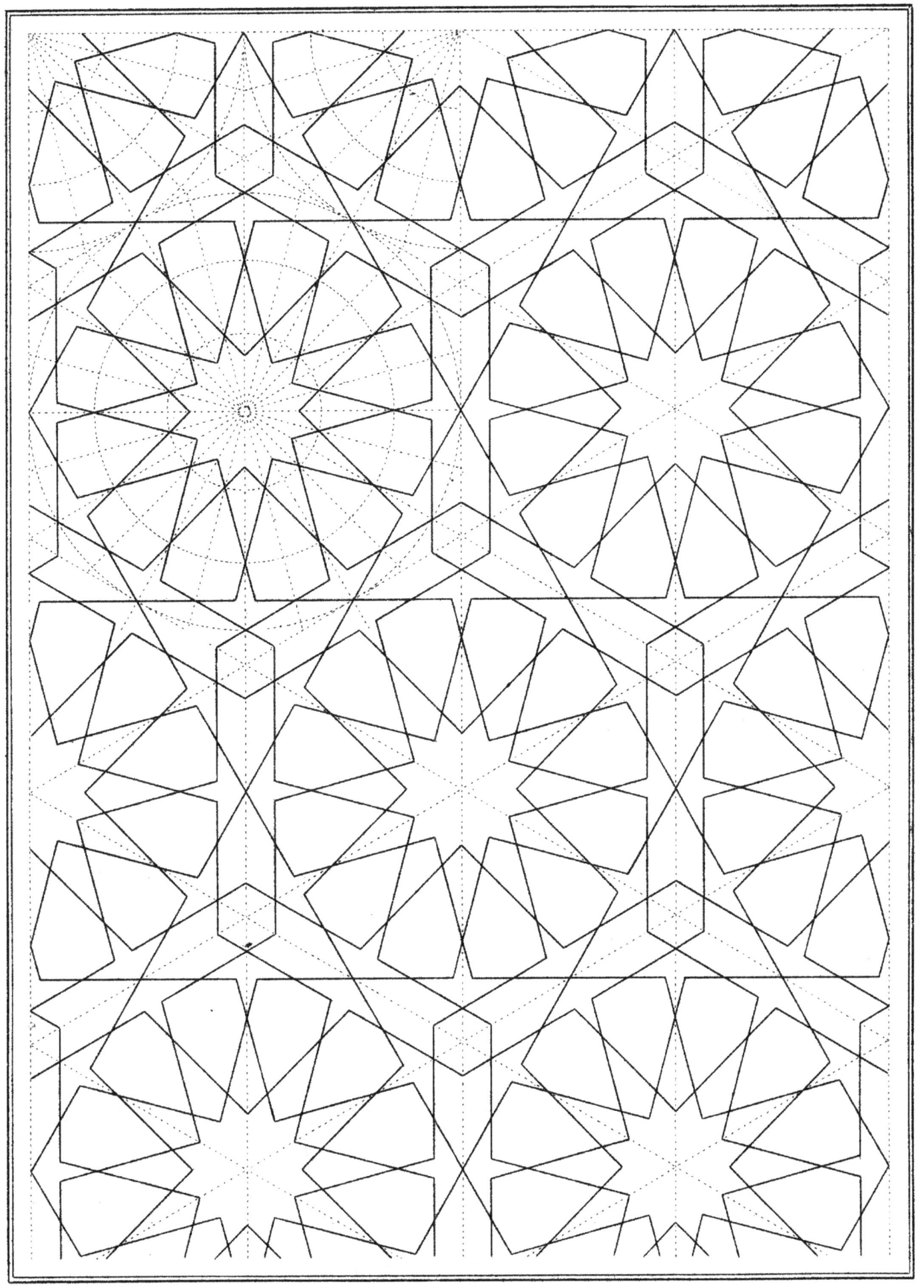

BONUS

Hexagon Paper Game

This is a short game, having a maximum of 15 moves and the game can never end in a tie. It is intended to be a game for two players.

Each player should select a different colored pen or pencil.

Players take it in turns to connect two dots.

The goal is to avoid completing a triangle with all three sides in your own color.

The first person to complete a triangle in their color loses.

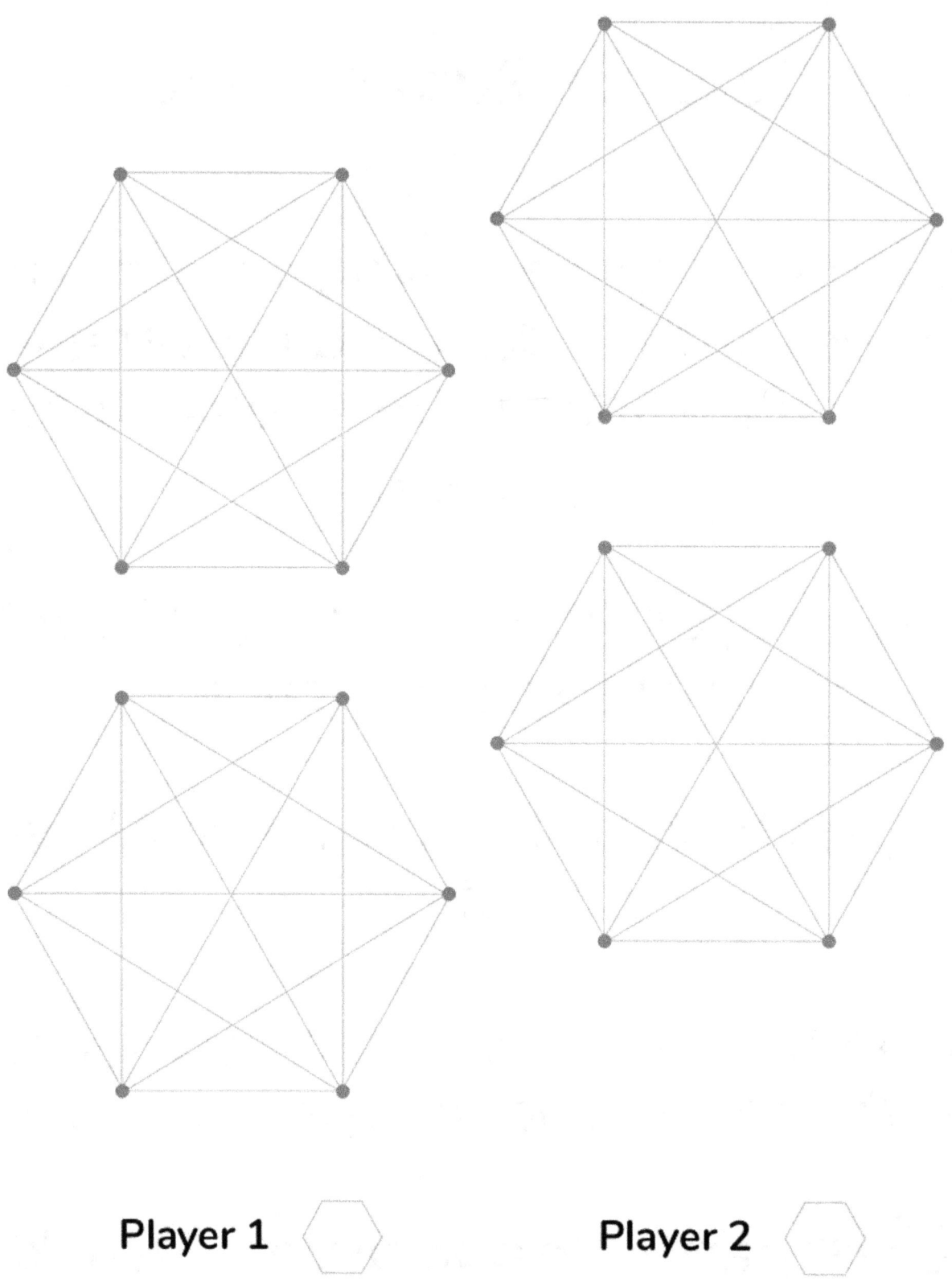

Player 1 ⬡   **Player 2** ⬡

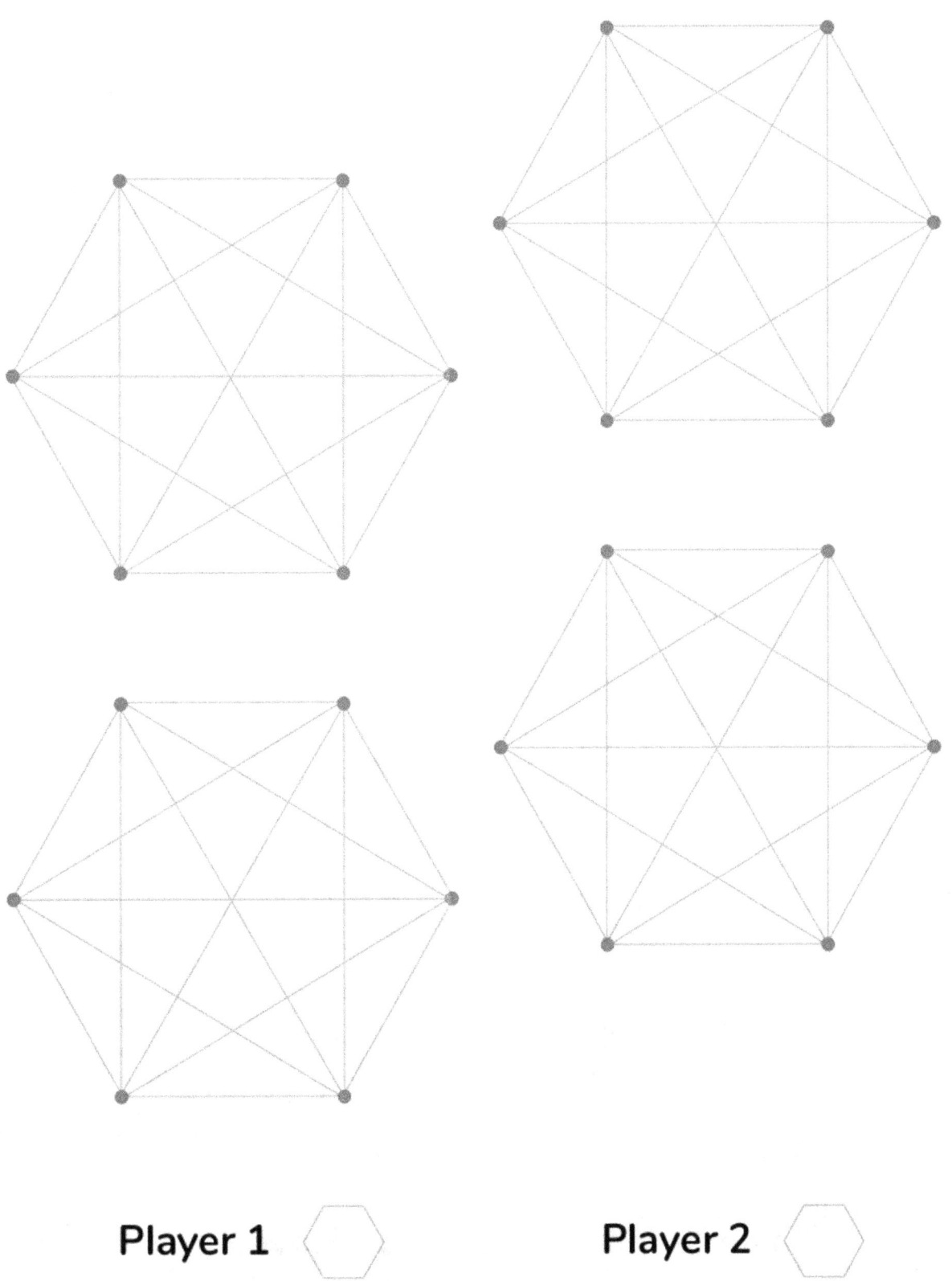

Player 1 ⬡

Player 2 ⬡

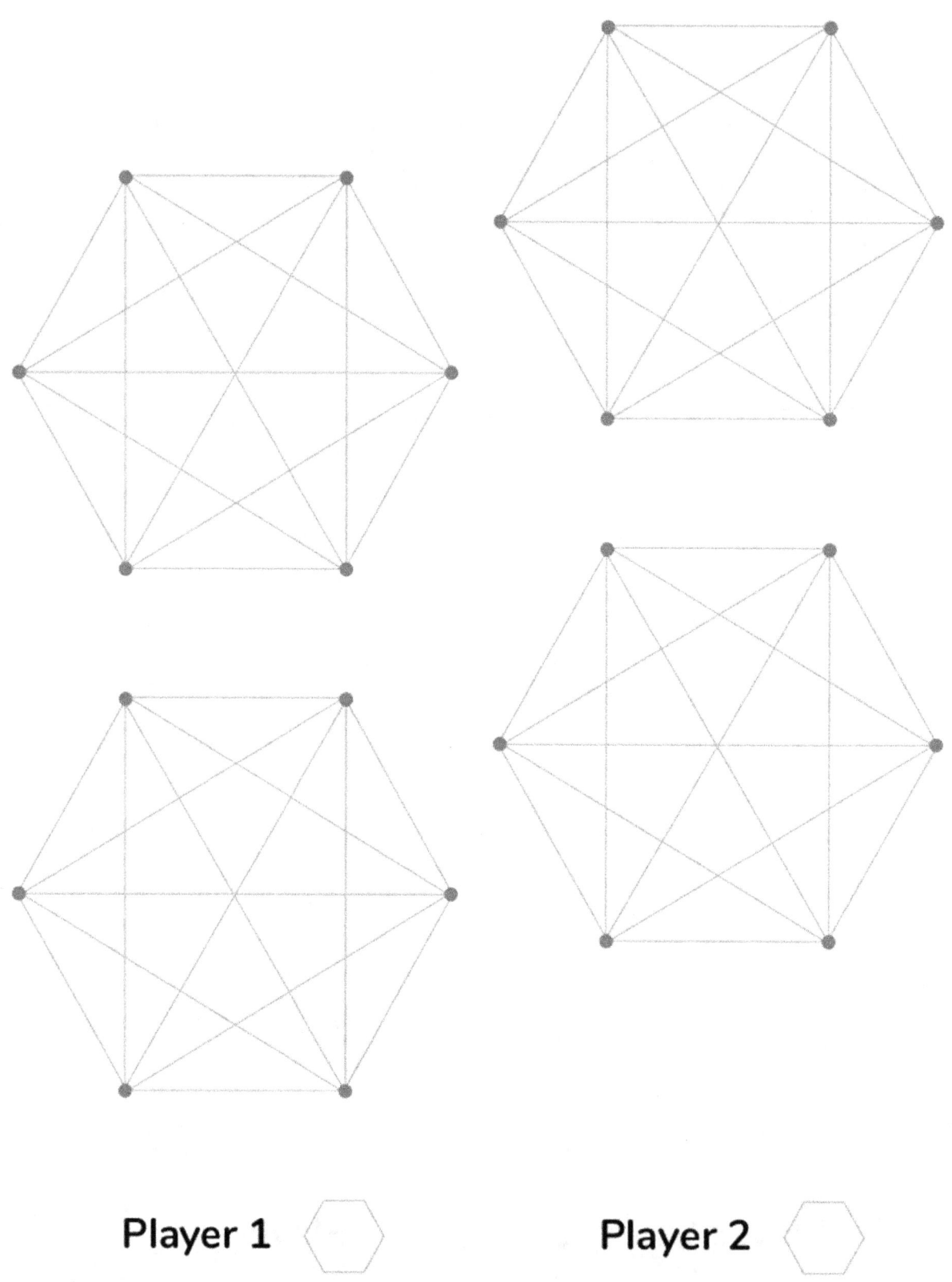

Player 1 ⬡   **Player 2** ⬡

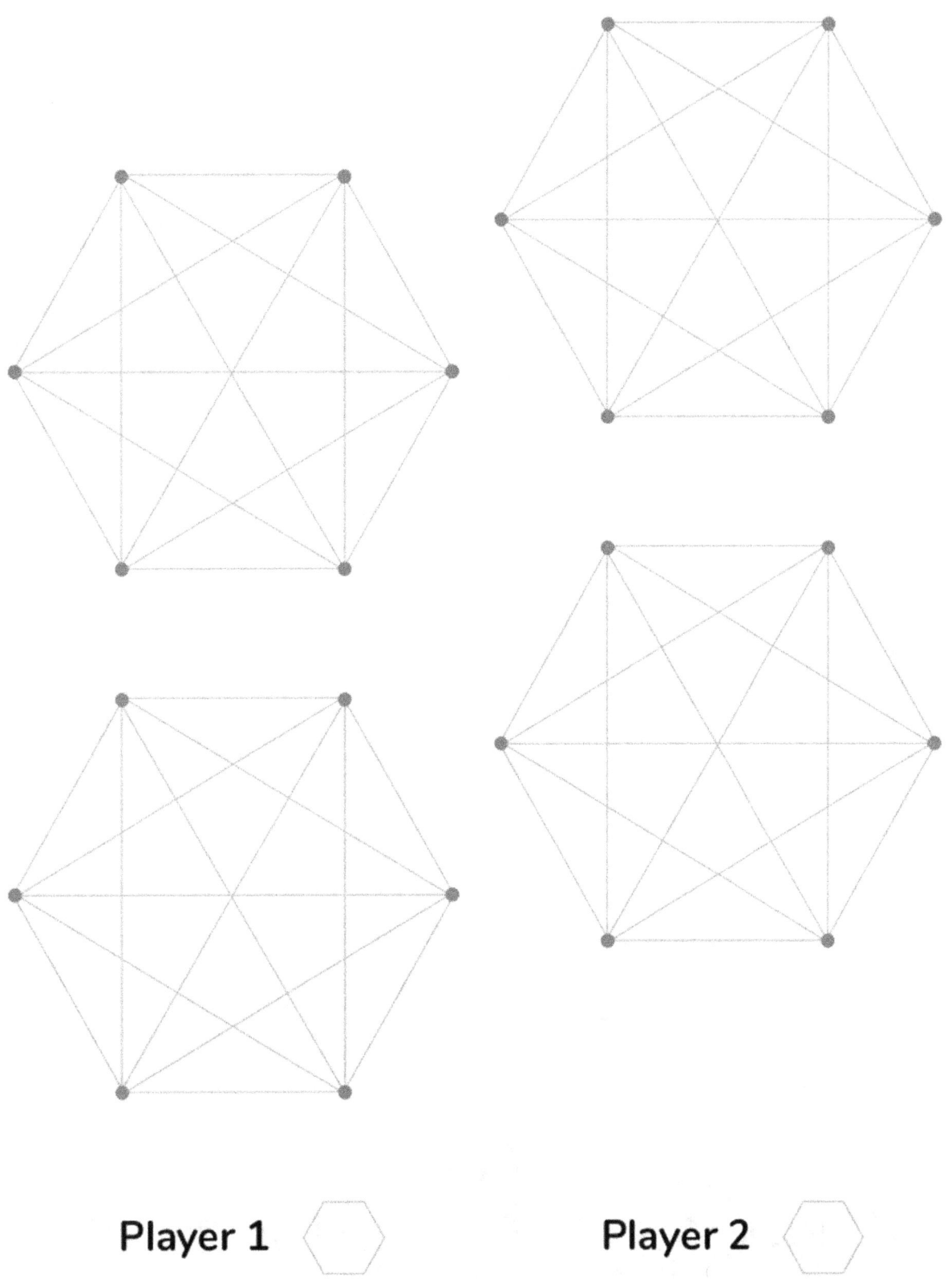

Player 1 ⬡   **Player 2** ⬡

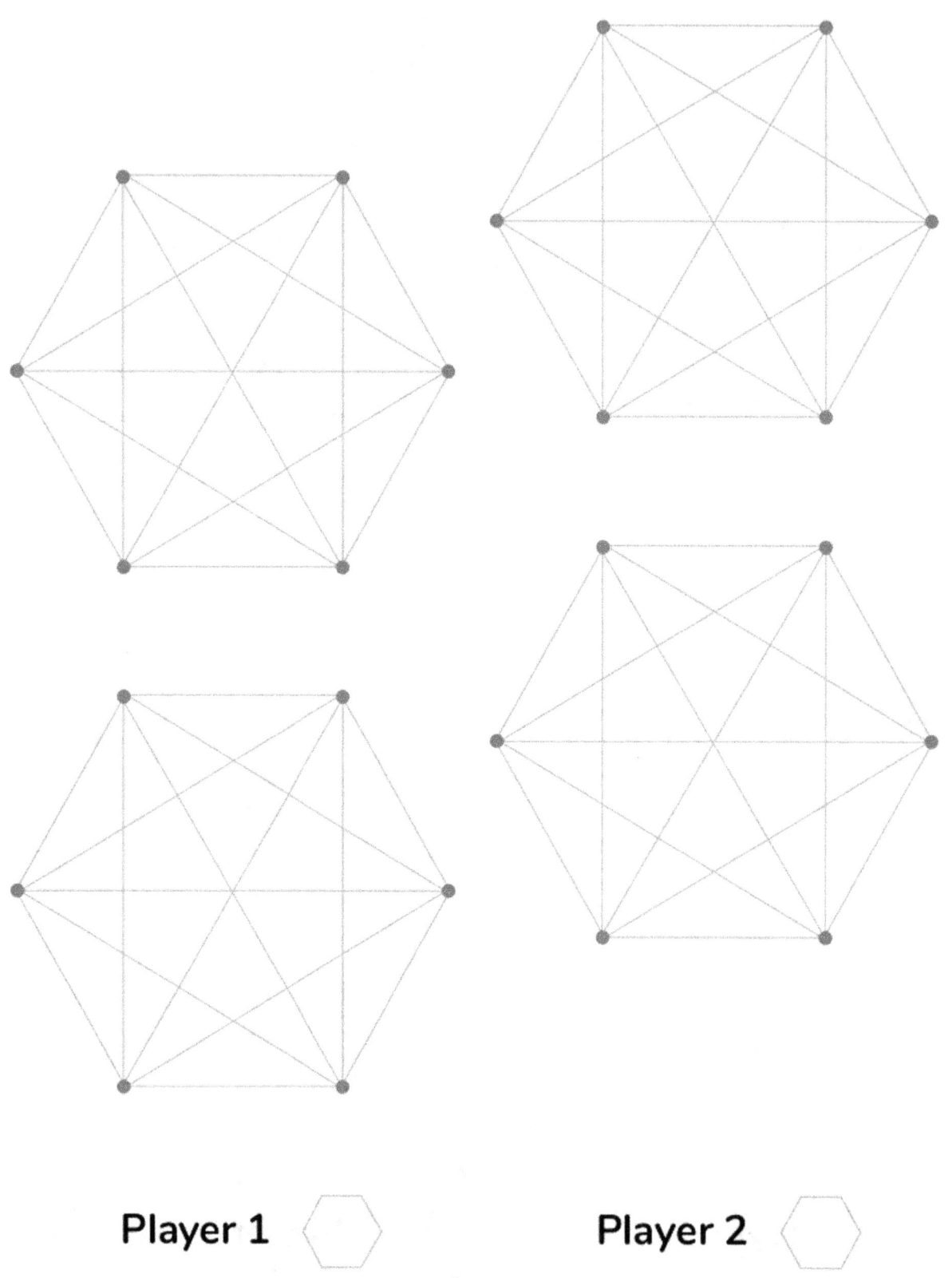

Player 1 ⬡　　**Player 2** ⬡

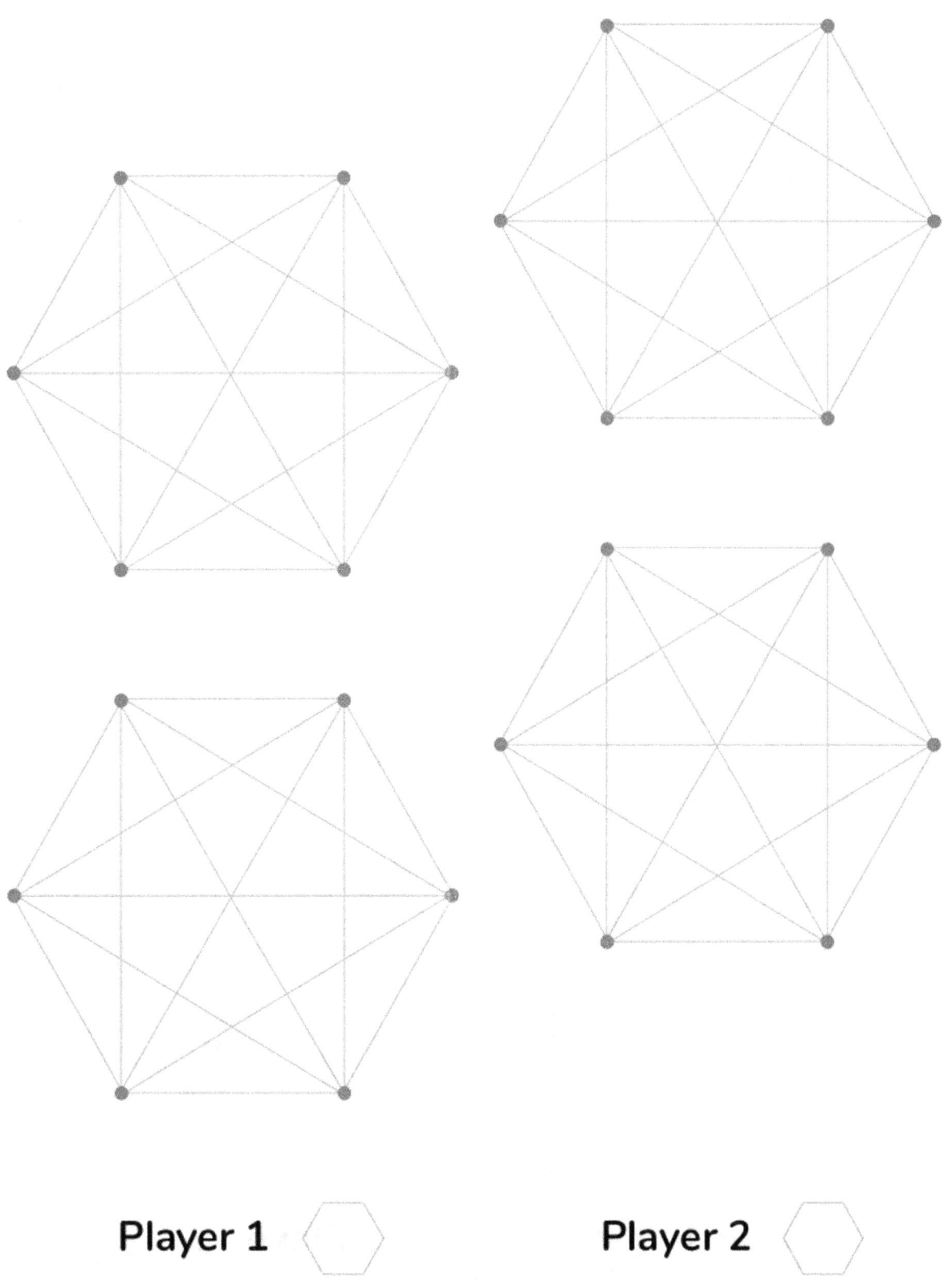

Player 1 ⬡

Player 2 ⬡

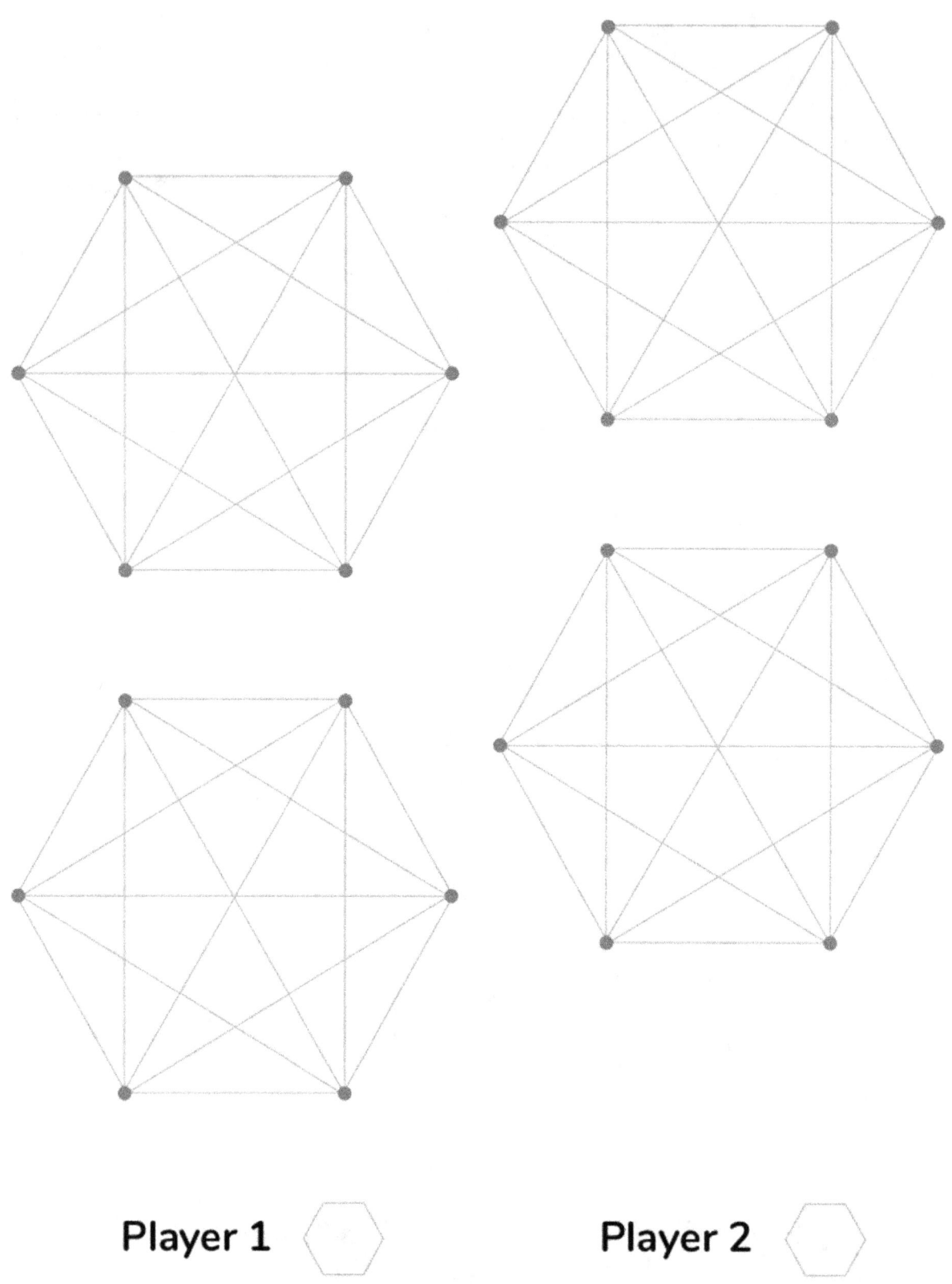

Player 1 ⬡   **Player 2** ⬡

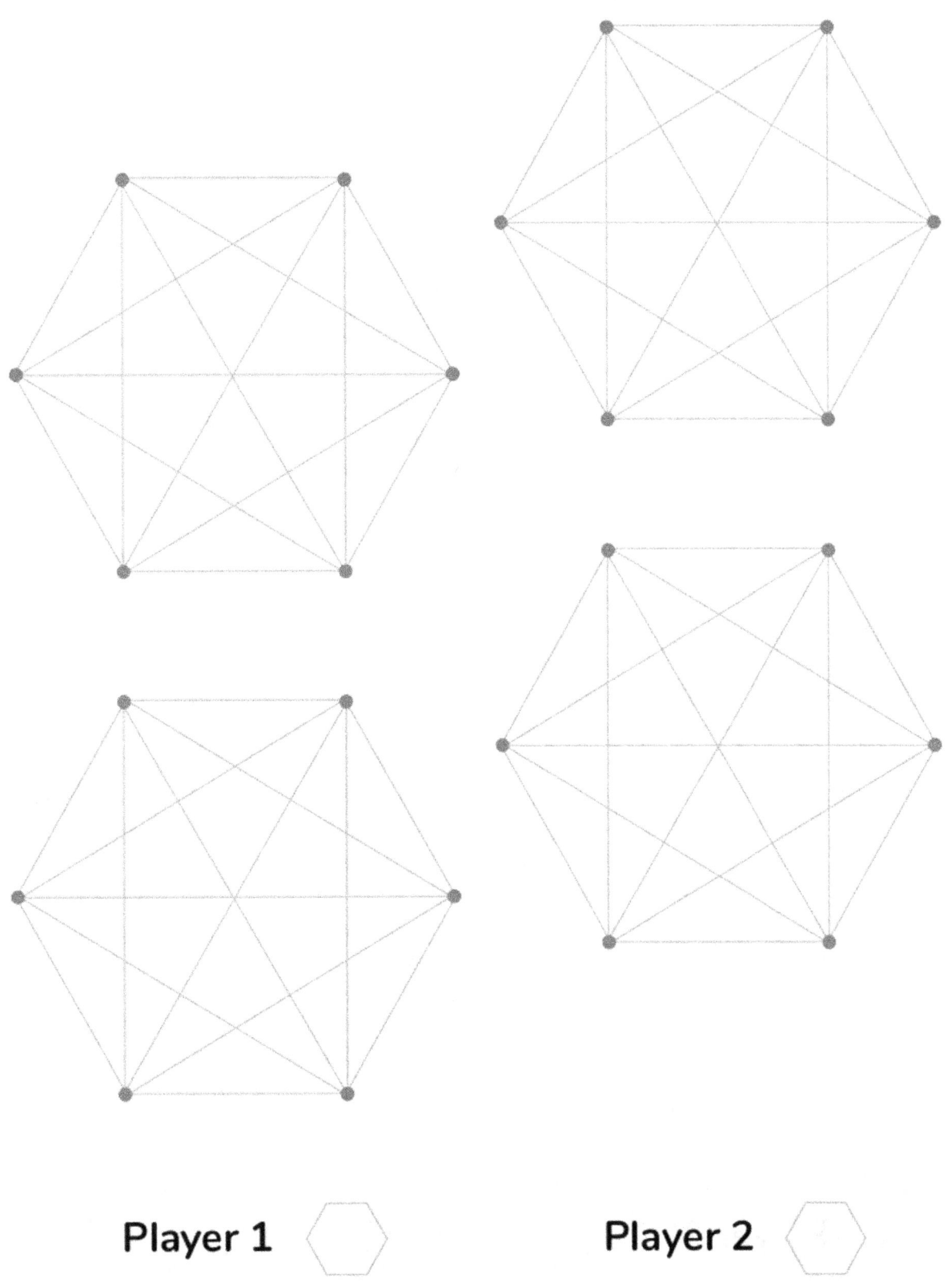

Player 1 ⬡   **Player 2** ⬡

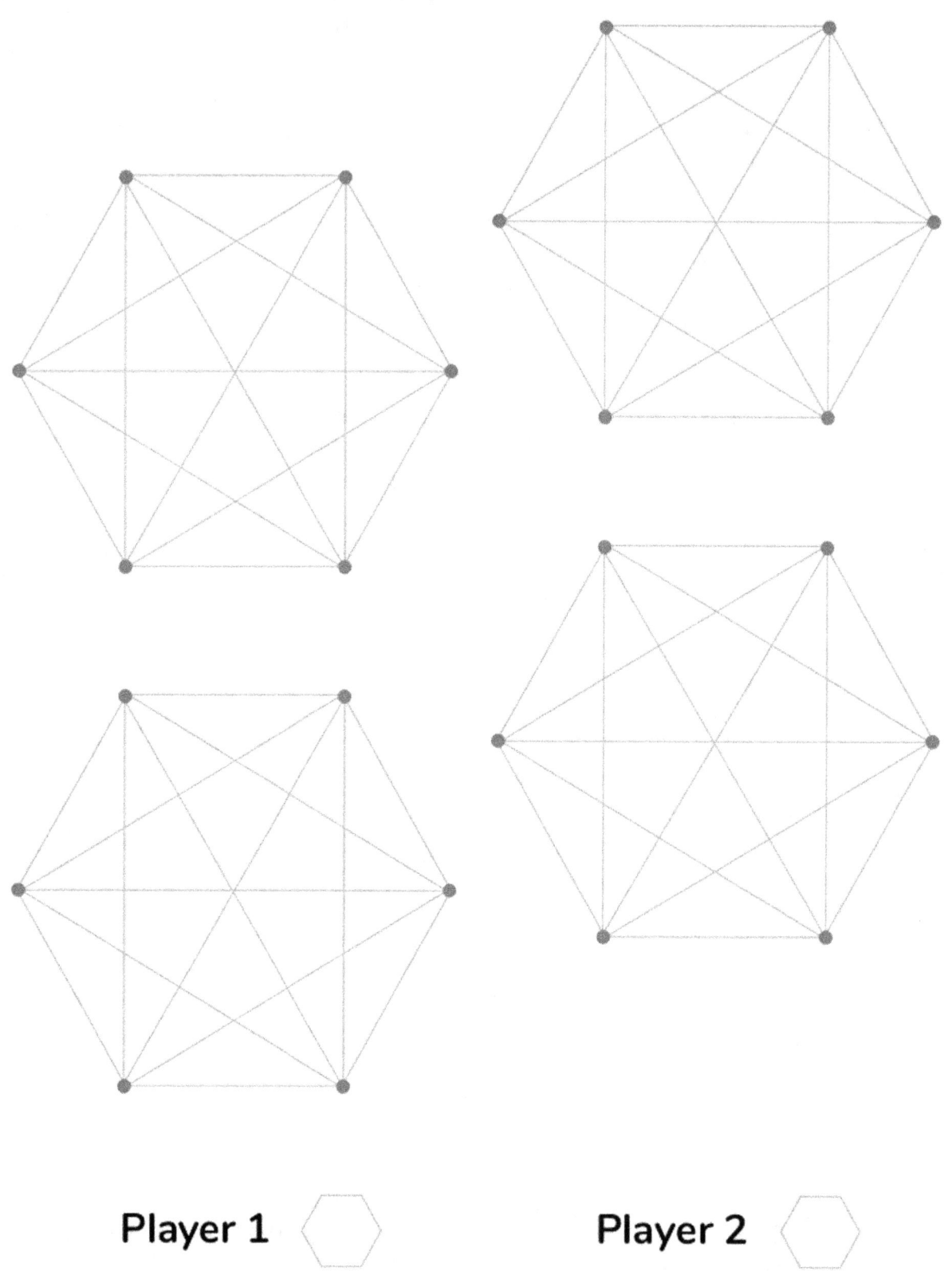

Player 1 ⬡   Player 2 ⬡

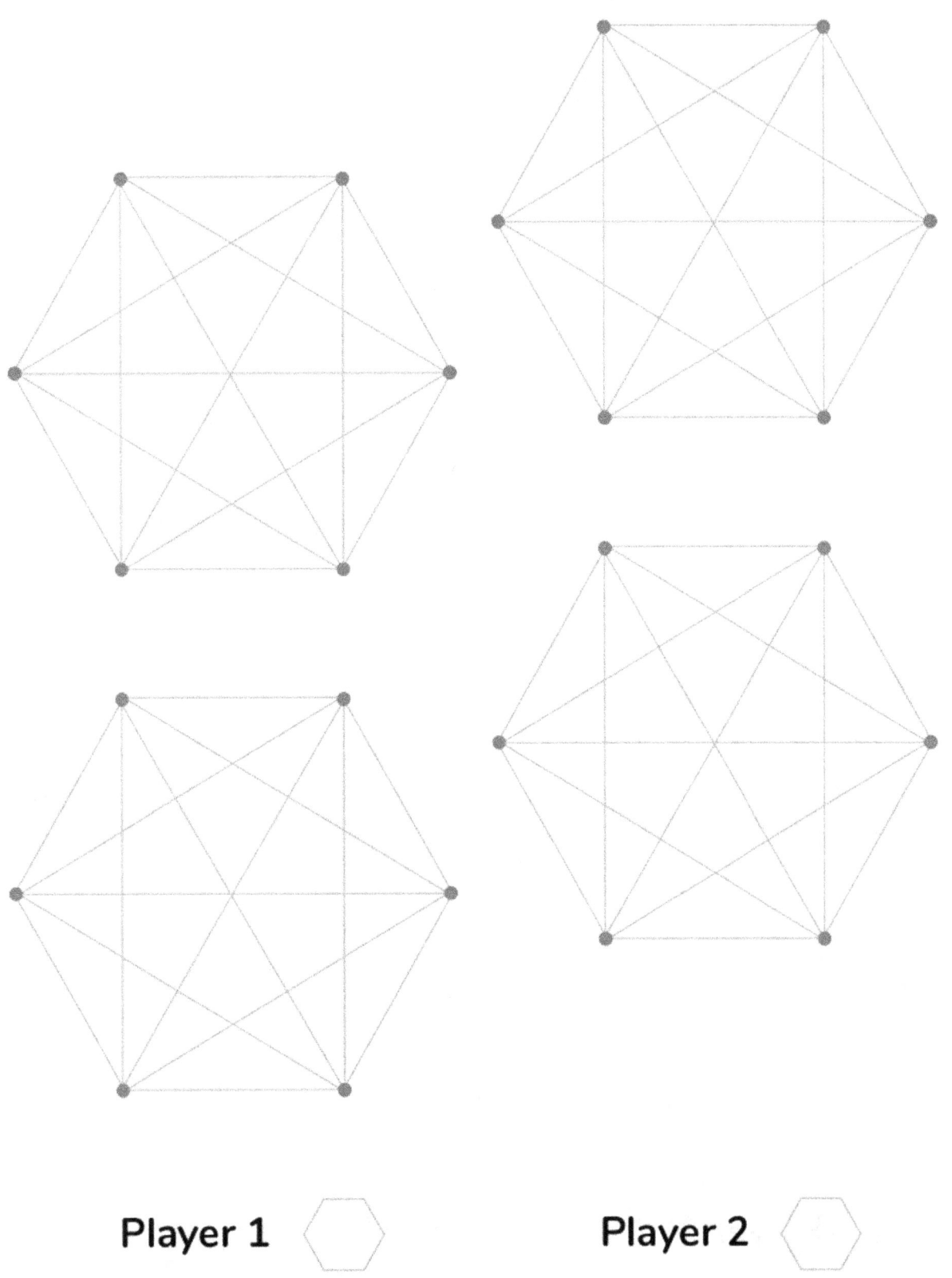

Player 1 ⬡   **Player 2** ⬡

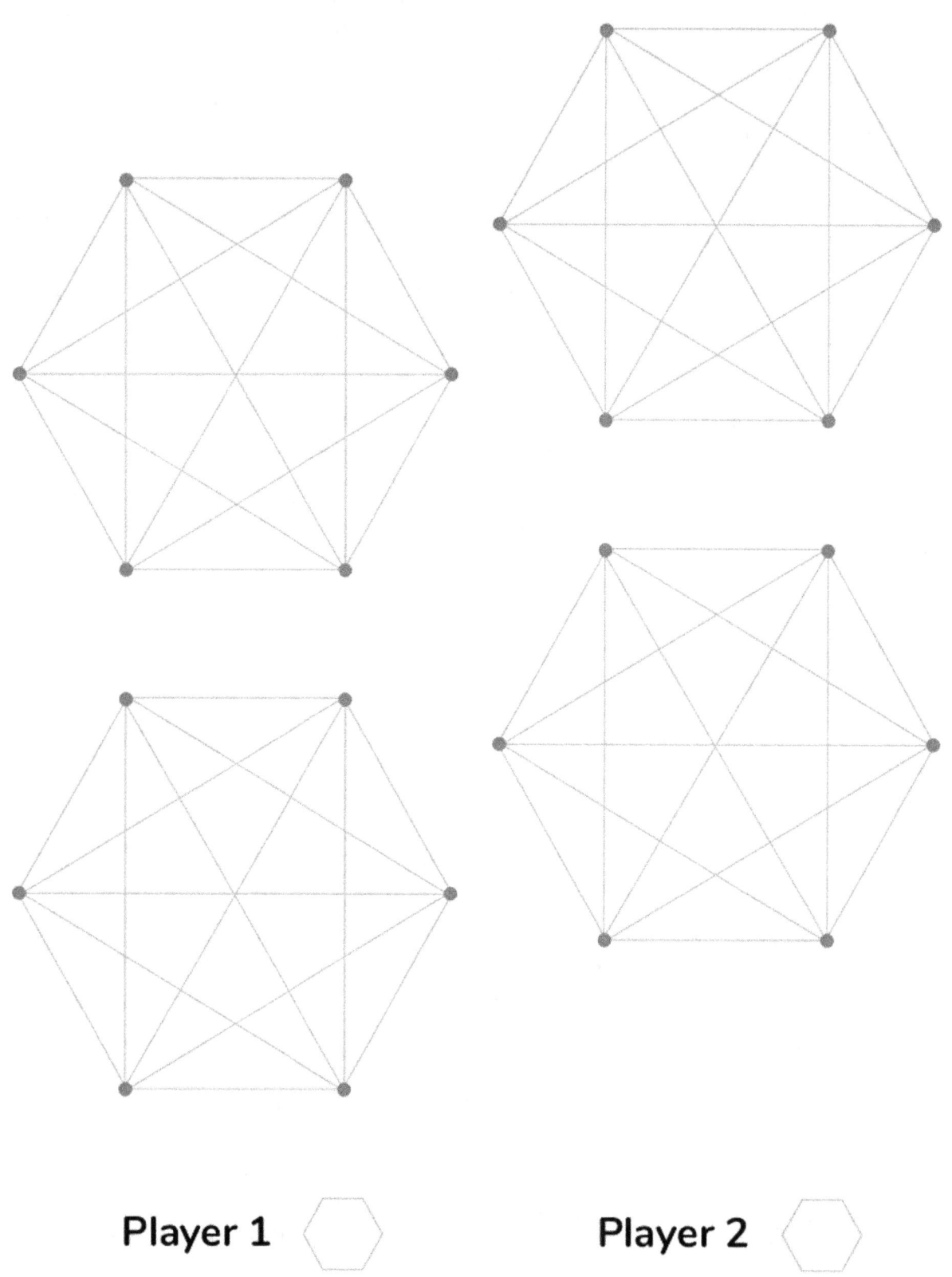

Player 1 ⬡   Player 2 ⬡

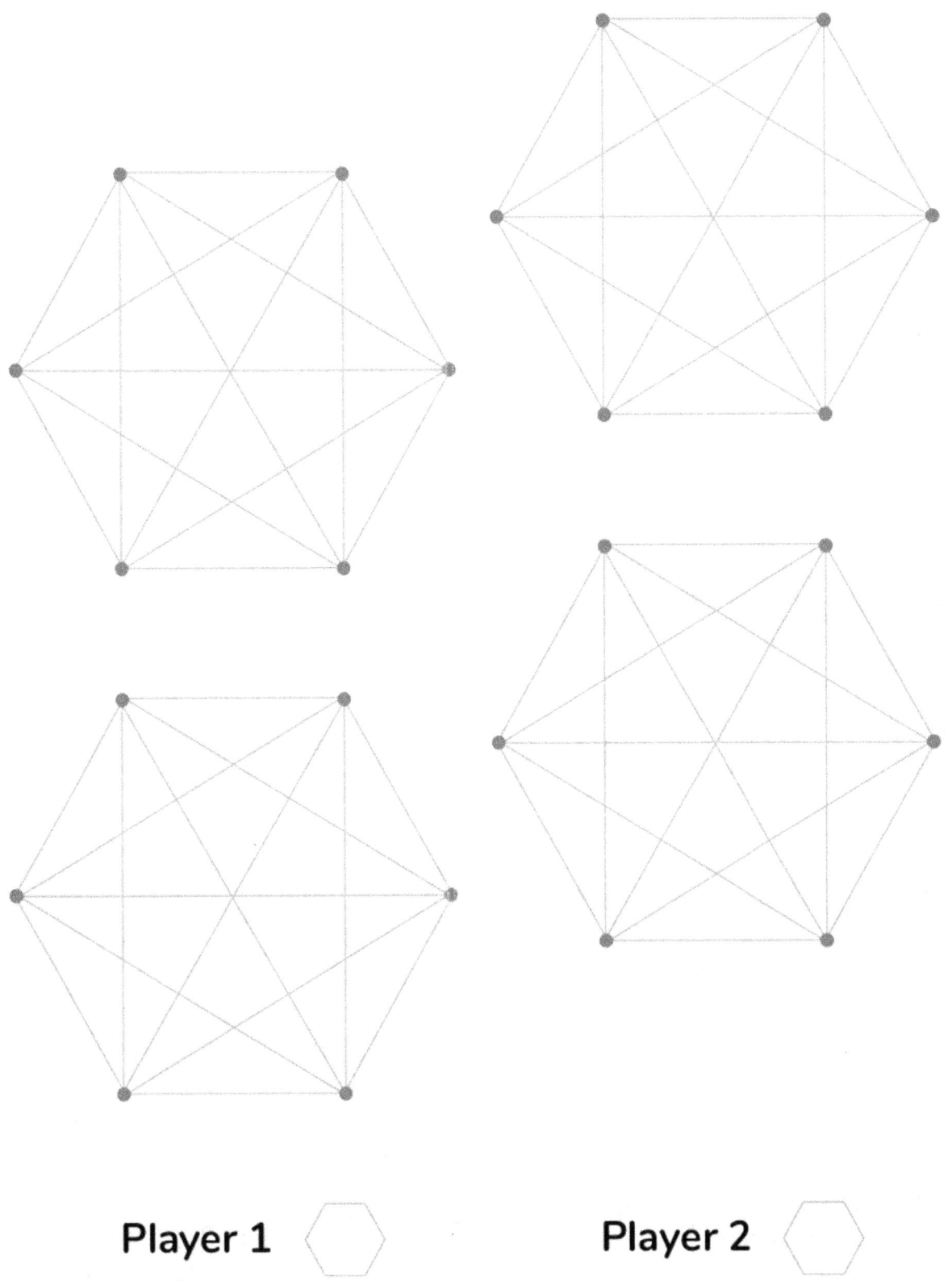

Player 1 ⬡   Player 2 ⬡

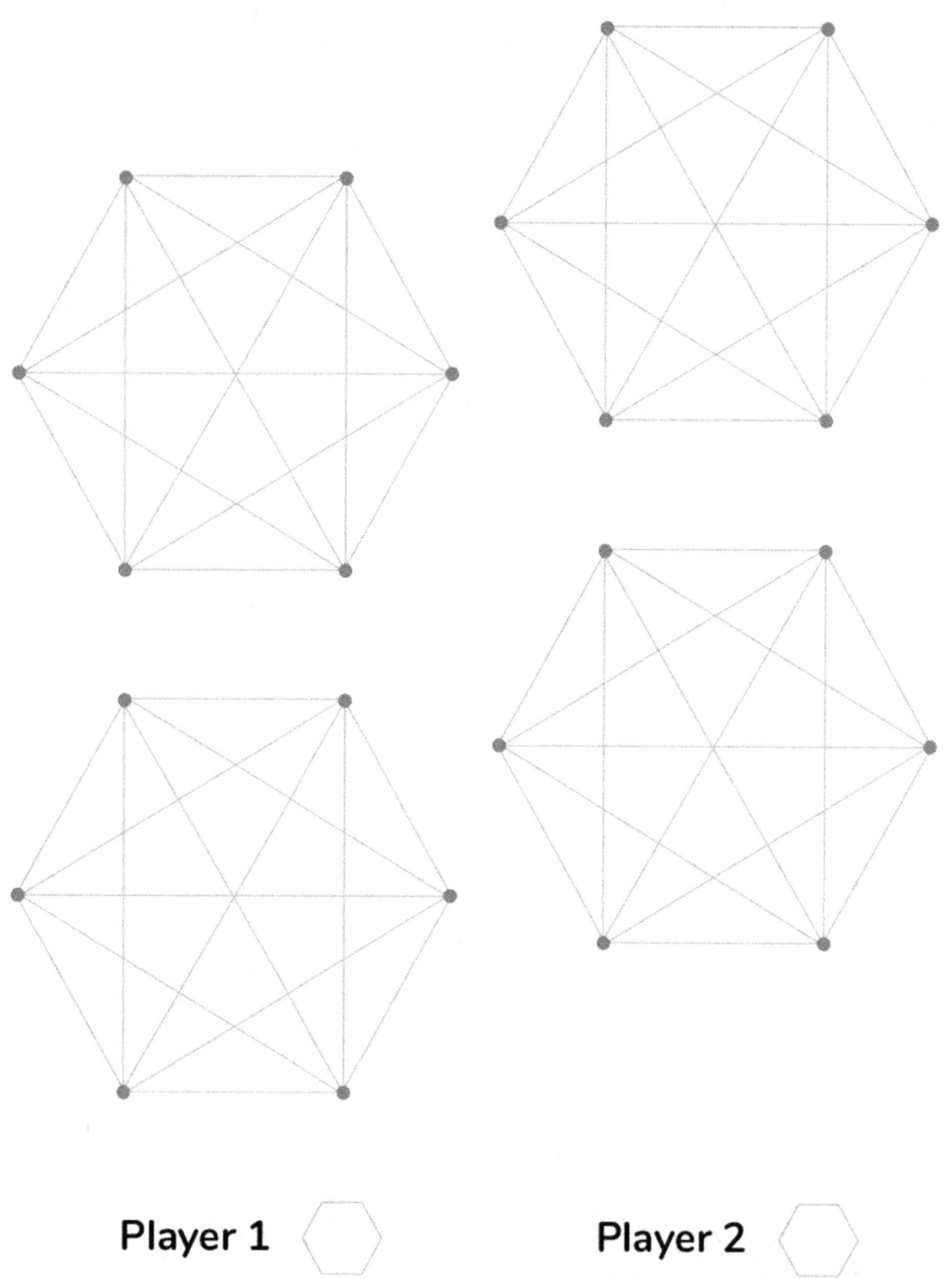

Player 1 ⬡   **Player 2** ⬡

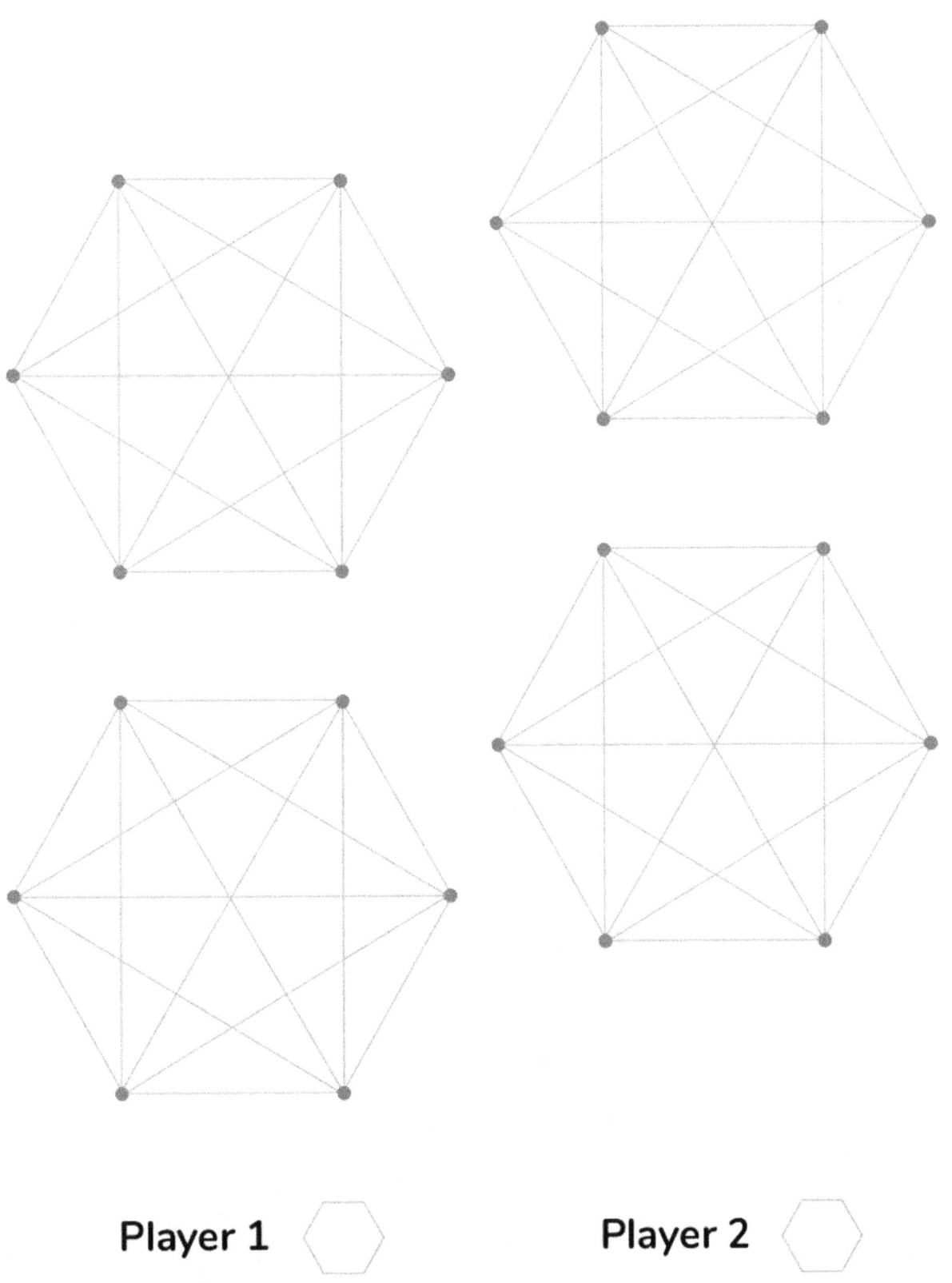

Player 1 ⬡　　　　**Player 2** ⬡

www.ingramcontent.com/pod-product-compliance
Lightning Source LLC
Chambersburg PA
CBHW081530220526
45467CB00010B/3106